J. Hirsch

Die Burg und die Pfarrei Schönbrunn bei Wunsiedel

Mit Rücksicht auf das obere Röslauthal

J. Hirsch

Die Burg und die Pfarrei Schönbrunn bei Wunsiedel
Mit Rücksicht auf das obere Röslauthal

ISBN/EAN: 9783743625785

Hergestellt in Europa, USA, Kanada, Australien, Japan

Cover: Foto ©ninafisch / pixelio.de

Weitere Bücher finden Sie auf **www.hansebooks.com**

Die
Burg und die Pfarrei
Schönbrunn
bei Wunsiedel,

mit Rücksicht auf das obere Röslauthal.

Nach Quellen bearbeitet

von

J. Hirsch,

derzeit Pfarrer in Trebgast,

und

Mitglied des historischen Vereins in Oberfranken.

1863.

Im Selbstverlag des Verfassers,

und in Commission der

Giessel'schen Buchhandlung zu Bayreuth.

Nur Einiges muß ich noch erwähnen. Durch die Güte des Herrn Barons **Carl von Reitzenstein** zu **München** sind mir viele Auszüge aus den bayerischen Regesten (gedrucktes Urkundenwerk) zugekommen, namentlich solche, die das alte Eger-Land berühren. Diese sind in dieser kleinen Ortsgeschichte verarbeitet.

Für die Geschichte der VI. Aemter ist ergiebig eine abschriftliche Urkunden-Sammlung, im vorigen Jahrhundert gefertigt, im Rathhause zu **Wunsiedel** aufbewahrt und durch Gefälligkeit des Herrn Bürgermeisters **Landgraf** den Geschichts-Freunden zugänglich.

Die meisten Nachrichten in dieser Sammlung, welche Schönbrunn betreffen, finden sich schon abgedruckt in dem Büchlein: „erste Confirmation in Schönbrunn, 1828" von Dr. **Ewald**.

Dieses Büchlein wurde in meiner Arbeit, die hier vorliegt, berücksichtigt, aber auch berichtigt, erweitert, geordnet und in geschichtliche Form gebracht wozu es nur einige Materialien enthält. Eine Vergleichung beider wird den Unterschied darlegen.

Wozu aber mag Mancher fragen. Gibts nicht Bücher und Büchlein genug? Eben darum sind auch Bücher, welche vorzüglich **Geschichte** behandeln, so gut berechtigt, als andere. Und wenn die Geschichte die beste Lehrmeisterin ist, so kann dieser kleine Versuch auch etwas weniges zur Belehrung über die frühere Zeit jener Gegend beitragen.

Die Geschichte der Vergangenheit, namentlich auch der kirchlichen ist kein zu berachtendes Mittel der christlichen Volks-Erziehung, bedarf aber noch sehr der Pflege und Förderung.

Wäre es recht und gut, die Brücke von der Gegenwart zur Vergangenheit als unbrauchbar zu behandeln oder gar abzubrechen? In dem Maaße, als der Sinn für Geschichte (auch der uns näher berührende Ortsgeschichte) schwindet, ist auch die Kirche in Gefahr, immermehr festen Boden zu verlieren. Daher sollten Geistliche und Lehrer mit dahin wirken, daß Gemeinde und Jugend die kirchliche Vergangenheit — ihrer Gegend wieder kennen und schätzen lerne.

Damit mag die Frage: wozu? beantwortet sein.

Trebgast, den 22. Januar 1863.

Der Verfasser.

Inhalts-Verzeichniß.

Erster Theil.

Seite

I. Frühere Name des Landstriches . . . . . 3 — 5
II. Die Burg Schönbrunn . . . . 5 — 11
    Burg und Dorf Schönbrunn gehen auf die Burg=
    Grafen von Nürnberg über . . . . 11 — 14
III. Dörfer und Orte, die zur Burg Schönbrunn ge=
    hörten: . . . .
    1) an der obern Röslau . . . . 14 — 21
    Bürgerliche Verfassung derselben . . . . . . 21 — 24
    Bestand der Schönbrunner Dörfer an der obern Rös=
    lau um 1500., ... 24 — 28
    2) Die Dörfer an der obern Naab . . . . . . 28 — 32

Zweiter Theil.

I. Die Einführung des Christenthums im Nordgau · 35 — 37
II. Die uralte Missions= und Mutterkirche zu Redwitz 37 — 42
III. Das Patronat und Verleihungsrecht der Kirche und
    Pfarrei Redwitz geht an das Kloster Waldsassen
    über, 1329 . . . . 42 — 46
IV. Die St. Conradskapelle bei Fahrenbach . . . . 46 — 49
V. Die alte Pfarrkirche und Pfarrei Schönbrunn . 49 — 57
VI. Einverleibung der Pfarrei Schönbrunn mit der zu
    Wunsiedel . . . . 57 — 62
VII. Die Filialzeit (Pfarrer, Superintendenten—Capläne
    oder Diacon—Cantoren und Gerichtsschreiber) . 62 — 78
VIII. Aufhebung des Filialverbandes mit Wunsiedel und
    Gründung einer neuen Pfarrei Schönbrunn . . 78 — 82

Erster Theil.

Die Burg Schönbrunn

und

die dazu gehörigen Dörfer

(an der obern Röslau und obern Naab).

I.

Frühere Namen des Landstriches, in welchem Schönbrunn mit seinen eingepfarrten Orten liegt.

Die erste Benennung, die geschichtlich vorkommt, war: „Slavenland" wozu aber noch das ganze Egerland und der nördlichste Theil der heutigen Oberpfalz gehörte. Diese Slaven, ein nicht deutsches Volk, waren ohngefähr um die Zeit von 600 — 700 nach Christo aus Böhmen und anderen an Deutschland angrenzenden Ländern hereingebrochen. Die von Böhmen her in unsere Gegenden eingewanderten Slaven hießen „Zechen"; sie hatten sich in den Thälern der Eger und Röslau festgesetzt und wurden hier die ersten Anbauer und Bewohner. Nachdem die Slaven in dem westlichen Theil von Deutschland ziemlich überwunden waren, hielten sie sich in dieser Gegend am längsten. Schon Kaiser Karl der Große ging ihnen in diesen ihren Wohnsitzen mit Waffengewalt zu Leibe. Sie wurden übermocht und unterjocht. Die Besiegten mußten die Sprache der Sieger annehmen und wurden zum Land- wie auch zum Bergbau verwendet. Von den Deutschen wurden sie auch Wenden, Winden, genannt. Die Deutschen, welche in unseren Gegenden über die Slaven Herr wurden, müssen aus dem Volke der Baiern gewesen sein. Das beweist die Sprache (der Dialect), welche nicht nur in der Oberpfalz, sondern auch in den sechs Aemtern heute noch herrscht. Um dieses besiegte Volk auch ferner im Zaume zu halten, wurden die Burgen und Schlösser auf den hohen Bergen erbaut, nämlich Lusburg, Hohenberg, Thierstein, Rudolphstein, Walbstein, Epprechtstein. Das soll geschehen sein etwa bald nach 800 der christlichen Zeitrechnung, auf Befehl und Anordnung des ersten deutschen Königs, genannt Ludwig der Deutsche. Gewaltige Daumen auf die Augen der Slaven! Daß diese die ersten eigentlichen Bewohner in dem Landstriche der Eger im Egerlande waren (wie in der Oberpfalz), beweisen die slavischen Namen der Flüsse, Berge und Orte, z. B. Selb, Lamitz, Grenitz, Böblas, Schloppen, Schlottenhof, Reudes, Wendern, Kößeine, Röslau, Tröstau u. s. w. und auch Namen von Orten, die deutsch lauten, erinnern doch daran, daß einst Wenden, Winden, sie zuerst angebaut haben, z. B. Wendern, Wunnersreuth (Wintersreuth) u. and. Man hing ihnen nur oft eine deutsche Endung an. Die deutschen Sieger vermischten sich lange Zeit nicht mit diesen Slaven oder Zechen, die als Leibeigene betrachtet und behandelt wurden. Dieß wurde Jahrhunderte hindurch beobachtet. Wenn z. B. der Rath in Schönbrunn Geburtsbriefe ausfertigte für solche die in die Fremde wandern wollten, so unterließ er nicht, zu bemerken, daß der Betreffende „freier deutscher Nation und Herkommens sei"; so in einem Briefe von 1665 und in einem andern von 1682. Nach Unterjochung der Slaven oder Wenden in diesem Länblein wurde es zum bayerischen Nordgau geschlagen, der sich von Regensburg bis über Kirchenlamitz hinauf ausdehnte (bis an die Schieda) und unser Landstrich erhielt dann den Namen Egergau oder Egerland, weil die Eger der größere und herrschende Fluß darinnen ist; von dem Fichtelgebirg an bis über die Stadt Eger hinab ging dieser Name. Man nannte es auch das Länblein vor dem Böhmerwalde. Als Johannes Görlein von Schönbrunn im Namen und an Statt des Richters, der Schöppen, der Gemeinde und aller Inwohner des Gerichts zu Schönbrunn 1439 bei dem Markgrafen Friedrich dem Aeltern um einen Panierbrief und ein Insiegel bat, so gab er als Grund ihrer Bitte an: „Weil sie vor dem Böhmischen Walde sitzen und wohnen". Als im Jahre 1285 die Burggrafen von Nürnberg durch die Erwerbung des Schlosses Hohenberg festen Fuß in diesem Lande gefaßt hatten und genanntes Schloß zu einem Amte einrichteten — was sie hernach auch mit mehreren gewonnenen Schlössern der Art und den damit verbundenen Orten thaten — so kam der Name „Aemter" auf, zuerst der 4, dann der 6 Aemter. Nachdem das Bayreuther Land 1810 an die Krone Bayerns überging, wurden aus den 6 Aemtern die 3 Landgerichte Wunsiedel, Kirchenlamitz und Selb gebildet (in neuerer Zeit auch Thiersheim). Seitdem kam der Name der 6 Aemter, wenn auch nicht aus dem Munde des Volkes, doch in Schriften ganz aus dem Gebrauch. Seit dem 1. Juli dieses Jahres steht diese Gegend vermöge allerhöchster Verordnung vom 24. Febr. d. Js. unter dem kgl. bayer. Bezirksamte Wunsiedel bezüglich der Verwaltung, hinsichtlich der Rechtspflege unter den Landgerichtsbezirken Wunsiedel, Thiersheim und Kirchenlamitz; Selb aber ist dem kgl. Bezirksamte Rehau zugetheilt.

II.
Die Burg Schönbrunn.

Die Burg stand in der Nähe des Orts Schönbrunn, links der Strasse, die nach Leupoldsdorf führt. Zeugniß davon geben der kreisrunde Wall-Graben, in dessen Mitte jetzt ein geebneter mit Bäumen bepflanzter Platz sich befindet; besonders aber der Name, den heute noch dieser Raum im Munde der Bewohner führt, „die Burg, die Burgäcker, das Burggäßlein". Die Nachgrabungen, die vor etwa 10 Jahren einige Geschichtsfreunde an Ort und Stelle anstellten, ergaben keine weitere Ausbeute, als einige verrostete Pfeile, Hufeisen, Beschlaghammer, Thorschlüssel und andere kleine

Eisenstücke. Die Zerstörung durch Zeit und Menschen hat das Ihrige gethan. Ihre Entstehung aber wird diese Burg jener Zeit zu danken haben, wo die Hochburg auf dem Lus= oder Luxberge (heut zu Tage Louisenburg) eine Stunde süd= östlich entstanden, ist. Diese Hochburgen konnten ohne die Thalburgen wohl nicht bestehen. Ihre Zusammengehörigkeit war durch das alte deutsche Lehens = und Kriegswesen gebo= ten. In Folge desselben mußten die im Thale den Burgen auf der Höhe zu Kriegszeiten Mannschaften und in Friedens= zeiten Lebensmittel zuführen. Diese Thalburgen und ihre Bewohner waren daher ursprünglich nicht unabhängig und selbstständig, wie späterhin, sondern Burghuten (für eine höhere und weitgebietende Burg), mit Grundbesitz, Burg= gütern, belehnt, belohnt und besoldet. Der Kaiser als ober= ster Lehensherr belehnte irgend einen der nordgauischen Gro= ßen, etwa den Markgrafen im Nordgau, z. B. mit der Lus= burg und dem Landstriche, der da herumlag, bebaut und unbebaut. Dieser hatte wiederum Mannschaft nöthig und mußte einen großen Theil seiner Lehensgüter nicht weniger als Lehen hingeben und so weiter herab. Die Ritter und Abeligen, die auf den Schlössern Schönbrunn und Wunsiedel saßen, waren nach oben hin Vasallen und Burghüter mit Burggüten belehnt; nach unten hatten sie ebenfalls Burg= hüter, mit Burggütern besoldet. Tröstau war ein Burggut zu Schönbrunn. Sogar diese unteren Burggutsbesitzer hatten wiederum ihre Lehensleute (Burgguts=Hintersassen). Später löste sich allmählig dieses geordnete Lehenswesen — Lehens= system — auf und die Lehen wurden erblich.

Erst im 11. und 12. Jahrhundert fingen die Burgherren und Ritter an, von ihren Schlössern, auf denen sie saßen, den Beinamen anzunehmen (sich davon zu schreiben). Die ersten Burgherren und Abeligen, die sich von Schönbrunn schrieben, kennt man nicht.

Wir wollen uns nach den ältesten schriftlichen Nachrich= ten umsehen, in denen unser Schönbrunn erscheint, denn es giebt noch mehrere Orte dieses Namens selbst in Oberfranken, z. B. bei Bamberg, Staffelstein). In einer Urkunde des Klosters Michelsberg bei Bamberg kommt ein Friedrich von Schönbrunn als Zeuge vor. Der Ort der Ausfertigung ist das Kloster Michelsberg; es wird also das Schönbrunn bei Staffelstein damit gemeint sein. Im Jahre 1259 erscheint ein Rüdiger von Schönbrunn als Zeuge in einer Urkunde vom 26. April, nach welcher die Landgrafen von Leuchtenberg sich vergleichen durch Vermittlung ihres Oheims, des alten Landgrafen von Leuchtenberg, mit dem Kloster Waldsassen wegen der Zinsleute. Die andern Zeugen sind auch alle aus dem Nordgau (von dem das Egerland ein Theil war); also wird es unser Schönbrunn sein.

Später kam dieses an die von Hertenberg; der erstgenannte Rüdiger wird keiner aus diesem Geschlechte gewesen sein; dieser Name war in dem Sparneck'schen Geschlechte herkömmlich. Es mag daher die Burg Schönbrunn und der Ort vor den „Hertenbergen" länger schon im Besitze der „Sparnecker gewesen sein, denn diese altadelige Familie war in jenem Landstriche sehr begütert, wie Urkunden erweisen. Hertenberg war ein Schloß östlich von Eger; der Ort besteht heute noch. Die von Hertenberg kommen schon 1200 in den nordgauischen Urkunden vor; das Geschlecht war auch sehr ausgebreitet und begütert im Egerlande. Es sind 3 Linien derselben zu unterscheiden, nämlich die von dem eigentlichen Stammsitze Hertenberg, die von Königswart und die von Schönbrunn. Diese drei Linien führen ein und dasselbe Wappen und Siegel, zwei gekreuzte Bärentatzen. Ich will nur diejenigen Hertenberge namhaft machen, die urkundlich mit dem Beinamen: von Schönbrunn oder die Schönbrunner erscheinen.

I. Heinrich (Haward) von Hertenberg und Schönbrunn; Tuto von Schönbrunn nennt in einer Urkunde vom 12. März 1300 seinen Vater Heinrich und seine Mutter Bucca.

Caspar Brusch, egerischer Geschichtsschreiber und Geograph, der von 1518—1559 lebte, sagt in seiner Geschichte des Klosters Walbsassen:

Haward und Tuto, Adelige von Schönbrunn, Vater und Sohn, hätten den Markt Redwitz für 70 ₰. Heller verdienten Soldes vom Kaiser (zum Pfande) erhalten. Dieses Heinrich 3 (4) Söhne, nämlich Ulrich, Tuto und Heinrich traten schon bei seinen Lebzeiten in den Mitbesitz.

II. Dessen Söhne:
1) Ulrich von Hertenberg, der „Schönbrunner", erscheint in folgenden Urkunden:

1277 als Zeuge zugleich mit einem Ulrich von Voigtsberg u. Anb.

1287 als Zeuge.

1300, 4. Juni, entsagt er allen Rechten am Schlosse Liebenstein, dessen Mitbelehnter er also war.

1303, 10. März; er übergiebt seine Rechte über die Güter zu „Pirch", welche Berthold „Pircher" vor ihm besessen, dem Kloster Walbsassen als freies Eigenthum zum Heile seiner Seele.

1304, 7. Nov. Ulrich und seine Gattin Catharina von Hertenberg überlassen 6 Höfe in Seußen u. s. w. dem Kloster Walbsassen käuflich.

Seußen gehört zur Burg Schönbrunn, wie weiter unten zu ersehen ist.

1321, 26. Januar, geschieht Ulrich des Schönbrunners Erwähnung als eines verstorbenen („weiland"). Dem Ulrich wird ein Sohn Friedrich beigelegt.

2) Tuto (Taut) von Hertenberg, mit dem Zunamen „von Schönbrunn":

1300, 12. März, übergiebt er und sein Bruder Heinrich dem Abt von Walbsassen einen Hof in Pürgleins (Brücklas?)

1304, 10. August, bekennt der Kaiser Albrecht dem Tuto von Schönbrunn (für geleistete Kriegsdienste) 70 ₰. Heller schuldig zu sein, und überläßt ihm dafür als jährliche Einkünfte (Zins) 16 ₰. Heller auf Rebwitz, das ein kaiserliches Lehen war, bis die 70 ℔. Heller vom Kaiser bezahlt sein würden. Hier kommt aber Tuto allein vor ohne seinen Vater Haward (siehe oben).

1306. Taut von Schönbrunn, kaiserl. Landrichter zu Eger (1308 und 12).

1310 schenkte er zum Heile der Seelen seines Vaters Heinrich, seiner Mutter Bucca und seines Bruders Heinrich, sowie seiner eigenen Seele dem Kloster Waldsassen 5 ℔. Heller jährliche Einkünfte zur Errichtung eines Altars an dem Begräbnißorte daselbst, genannt „das Paradies"; diese 5 ℔. sollen haften auf 3 Höfen, die er in Seußen hatte. Als Zeugen sind in der Urkunde aufgeführt: sein Bruder Ulrich und andere Blutsverwandte, als Albert von Falkenau, genannt Nothhaft; Tuto von Königsward.

1314, 12. März, übergiebt er dem Kloster Waldsassen die Kirche und den Markt Rebwitz (siehe vorhergehende urkundliche Nachricht von 1304), dazu Oberrebwitz und einen Hof in Dörflas unter der Bedingung, daß, wenn er den Mönchen zum Heil seiner Seelen 7 ℔. Heller jährlicher Einkünfte wo anders dafür werde angewiesen haben, diese Besitzungen ihm wieder heimfallen sollen; ferner unter der Bedingung, daß er im Falle seines Todes im „Paradiese" vor dem Altare der 10,000 Märtyrer und der 11,000 Jungfrauen begraben werden solle.

1314, 22. Juli, schenkte er im Falle seines Todes dem Abt Johannes und dem Kloster Waldsassen das Schloß Schönbrunn mit allen Zugehörungen und Lehen, nämlich die Dörfer Watzgenreuth, Seußen, Tiefenbach, Hauenreut, 2 Höfe in Korbersdorf und sein Besitzthum im Drosen (Tröstau?)*).

Aus diesem ist zu erkennen, daß die Hertenberge im Egerlande in ihrer Blüthezeit sehr begütert waren, im Rös-

---

*) Regesten; die Urkunden selber finden sich im königl. Reichsarchive zu München.

lauthale und sonst; ferner, daß die genannten Dörfer und Höfe unterhalb Schönbrunn zum Schlosse daselbst als Lehen gehörten, und nicht etwa freies Eigenthum des Herten= berg'schen Geschlechts waren; daß die Schönbrunner Schloß= Güter ziemlich weit an der Röslau hinab sich erstreckten, um so mehr wird das Land oberhalb, und die Röslau hinauf bis zu deren Ursprung zu diesem Schlosse gehört ha= ben; endlich ist ferner aus dieser Urkunde zu vermuthen, daß der Taut von Hertenberg zu Schönbrunn keine Nachkommen wird gehabt haben, weil er einen großen Theil seiner Güter dem Kloster Waldsassen schenkte, wenigstens hatte er damals keine, als er diese Uebergabs=Urkunde ausfertigte, denn er sagt darin: „ich übergebe die Güter N. N. dem Kloster mit allen Rechten und zu immerwährendem Besitz, so daß keiner meiner Erben, wenn ich so glücklich sein sollte, solche zu haben, ein Besitzrecht daran haben sollte".

Auf jeden Fall hatte dieser Taut von Hertenberg auf Schönbrunn ein bedeutendes Ansehen im Lande; er ist in sehr vielen andern egerländischen Urkunden unterschrieben, und war für die Geschichte des (obern) Röslauthales ein Mann von Gewicht. Wir werden unten noch einmal auf ihn zurückkommen. Bei dem Kaiser Albrecht — wie aus der Urkunde von 1304 zu schließen ist — stand er in gro= ßer Gunst; dieser nennt ihn seinen lieben und getreuen Ritter und rühmt vornehmlich die bereitwillige Hülfe, die Tuto ihm in seinen Kriegen bewies. Diese günstigen Umstände wen= den sich aber für den Taut bald zum Schlimmeren.

Er wurde 1318, 14. Mai, vom Burggrafen von Nürn= berg mit der Landesverweisung bedroht.

Scherber in seiner vaterländischen Geschichte I. S. 138 sagt: „Tuto hätte mit seinen Leuten landflüchtig werden müssen, was aber nicht erwiesen ist; die Landesverweisung war ihm blos angedroht.

1325, 6. Mai, verzichtet er auf einige Lehen, die zur Hertenberg'schen Stammburg gehören (z. B. Alt= und Neu=

albenreuth (also nicht zur Burg Schönbrunn gehörig) zum Besten des Klosters Waldsassen. Er schreibt sich da noch „von Schönbrunn".

1344, 19. Febr., erscheint er zum letztenmale mit Heinrich von Hertenberg, in der Abtretungs-Urkunde, siehe weiter unten.

3) **Heinrich von Hertenberg, genannt von „Schönbrunn":**

1300, 12. März, nennt Tuto außer dem Ulrich auch einen Heinrich von Schönbrunn, seinen Bruder.

4) Chunradus Schönbrunnerus,

12. Juni 1309, erscheint in einer Urkunde, in welcher Beatrir, Tochter des Landgrafen Gebhardt von Leuchtenberg, mehrere Schlösser schenkt, z. B. Falkenberg u. s. w. und zwar dem Kloster Waldsassen. Obgleich es nicht ausdrücklich angegeben ist, daß er dem Geschlechte der von Hertenberg angehöre, so ist es doch höchst wahrscheinlich, weil Zeugen und Ort der Urkunde dem Nordgau (Oberpfalz) und theilweise dem Egerlande angehören.

So hätten wir 5 Ritter aus dem Geschlechte von Hertenberg, die fast zu gleicher Zeit mit der Benennung „von Schönbrunn" oder „die Schönbrunner" vorkommen.

Burg und Dorf Schönbrunn gehen auf die Burggrafen von Nürnberg über.

1344, 19. Febr., endet Heinrich von Hertenberg, wohl jüngster Bruder des Taut, sein Zerwürfniß mit den Burggrafen Johann und Albrecht von Nürnberg durch Sühne, er söhnt sich mit ihnen aus und macht sich verbindlich, mit dem Burgstall zu Schönbrunn ihrer zu gewarten. Dieser Heinrich ist jedenfalls der unter 1300 genannte Bruder des Taut, in der Abtretungsurkunde ist Taut noch als lebend aufgeführt. Diese Urkunde ist ausgefertigt zu Bayreuth.

Wenn aber nach der oben erwähnten Urkunde vom 22. Juli 1314 Tuto das Schloß Schönbrunn u. f. w. dem Kloster Waldsassen für immer übergeben hatte, so ist entweder dieses Vermächtniß nicht in Vollzug getreten, oder es kam wieder auf irgend eine andere Art in den Hertenberg'schen Besitz. Daß Ersteres der Fall war, mag daraus hervorgehen, daß er 1315 vom Papste in den Bann gethan wurde wegen gewisser Mißhelligkeiten, die er mit dem Kloster Waldsassen hatte (Scherbers, vaterländ. Geschichte 1. S. 128). Kurz, 1344 und zwar im Anfange des Jahres war Heinrich v. Hertenberg noch im Besitze der Veste Schönbrunn und der noch dazu gehörigen Güter. Nach diesem Brief des Heinrich v. Hertenberg — der sich auf einen vorherigen burggräflichen wiederholt bezieht (aber der dem Verfasser unbekannt ist) — soll er bauen „den Burgstall"*) zu Schönbrunn, ihn dann von den Burggrafen, sowie die Hälfte der damit verbundenen Güter zu einem „Erbburglehen" nehmen; die andere Hälfte aber wolle er, Heinrich, verwalten, pflegen und die Einnahmen an die burggräflichen Amtsleute (in Hohenberg) verrechnen. Die Hertenberge auf Schönbrunn, sonst so begütert, waren nun ziemlich herabgekommen; ihre Burg und die damit verbundenen Güter, die sie mit allen Lehenrechten sonst inne hatten, müssen sie nun als ein Erbburglehen (Burggut) aus der Hand der Burggrafen von Nürnberg, die doch auch Vasallen des Kaisers waren, und zwar nur zur Hälfte annehmen, und dürfen noch zufrieden sein, daß sie von diesen Burggrafen nicht aus dem Lande gejagt wurden. Wie mag das gekommen sein? Nicht lange nachdem die Nürnberger Burggrafen die Stadt Bayreuth (1248) ererbt hatten, faßten sie, begünstigt von den deutschen Kaisern, auch festen Fuß im nordgauischen Egerlande; ihr erster Besitz darinnen war das Schloß Hohenberg mit dem Schlosse Wunsie-

---

*) Burgstall ist eine kleinere Burg, zum Unterschiede von den Hof- (und Hoch-) Burgen.

bel (1285)*), und damit waren sie den Hertenbergen sehr nahe gerückt. Diese empfanden das burggräfliche Uebergewicht sehr übel; auch war ihnen — um mich so auszudrücken — die neu sich erhebende mit burggräflichen und kaiserlichen Privilegien geschützte Stadt Wunsiedel — ein Dorn im Auge, denn die ritterlichen Burgherrn waren im Mittelalter den Städten nicht zugethan. Es gab also burggräflicher und Hertenberg'scher Seits Kriegsauflauf und Zerwürfniß, wie es in der Urkunde von 1344 ausdrücklich heißt; auch werden sich die Hertenberge auf Schönbrunn nicht aller Straßenplackerei enthalten haben, das geht daraus hervor, daß der Burggraf Friedrich von Nürnberg in dem Lehenbriefe, den er 1318 dem jungen Vogte Heinrich von Weida über die Stadt Hof (und das Regnitzland) gibt ihn beauftragt: „Dieser solle schaffen, daß der Tuto von Schönbrunn das Land räume mit seinen Leuten". Die Burggrafen hatten die kaiserliche Vollmacht zur Zerstörung der Raubhäuser (Burgen) erhalten. Darum war wohl auch unserm Tant von Schönbrunn bange, sonst hätte er nicht geeilt, alle seine Güter an der Rößlau 1314 dem Kloster Waldsassen als Lehen zu übertragen; so hätte er doch wenigstens, meinte er, sein Seelenheil damit sich verdient. Aber weder Tant noch Heinrich (sein Bruder) konnten in Folge ihrer fortgesetzten Zerwürfnisse der burggräflichen Uebermacht entgehen; sie mußten sich unterwerfen und 1344 ihre Burg und alle Zugehörungen übergeben.

Die Burg war also in Folge der kriegerischen Zerwürfnisse zerstört worden, etwa im gedachten Jahre. Den in diesem Jahre von dem Burggrafen angeordneten Wiederaufbau des Burgstalles werden die Hertenberge ausgeführt haben, denn im Jahre 1412, Montag nach Palmarum, verpfändete Burggraf Johann IV. v. Nürnberg die Schlösser Hohenberg, Wunsiedel, Arzberg und Schönbrunn mit allen

---

*) Monum. Zollerana, Band II.

Zugehörungen an Heinrich und Jan von Feilitzsch, Jorgen und Wilhelm von Wilbenau, Ulrich und Nickel Sack um 2950 Rheinische Gulden und 196 Gulden jährliche Zinsen. Seit dem hörte man nichts mehr von einer Burg oder einem Schlosse Schönbrunn.

Wie lange die von Hertenberg auf der Burg daselbst als burggräfliche Vasallen noch werden gehaust haben, weiß man nicht. Von Nachkommen des Heinrich weiß man nichts. Das von den Hertenbergern neu aufgebaute Schloß, das wohl nicht so fest gewesen sein mag, als das erste, wurde nun seit 1412 seinem Schicksale überlassen und zerfiel nach und nach in Trümmer. Die Steine davon sollen von den Einwohnern zu ihren Bauten verwendet worden sein. Die Schloßgrundstücke wurden an die Bauern vererbt und mit derselben Gütern vereinigt.

III.

Dörfer und Orte, die zur Burg Schönbrunn gehörten.

1. An der obern Röslau.

Unter den Dörfern verstehe ich solche Orte, die auf Grundbesitz angewiesen sind und deren Bewohner Landwirthschaft treiben. Das Jahr 1344, als das der Abtretung der Burg Schönbrunn mit ihren Gütern an die Burggrafen von Nürnberg ist als entscheidend anzunehmen. Die Dörfer, welche vor dieser Zeit an der obern Röslau bestanden, waren

Schönbrunn und Tröstau.

Diese alten Burgdörfer waren mit der Burg zugleich gesetzt und die Burg, das Schloß, konnte ohne dieselbe nicht bestehen. Sie gehörten zusammen. Das ging aus der alten Lehensverfassung hervor. Davon wurde schon oben das Nöthige gesagt. So wie in Tröstau ein Burggut war, das dem Burgherrn dahier mit einem reisigen Pferde dienen mußte, und dieses Gut seine Sölden und Hintersassen hatte, so war dies gewiß auch in Schönbrunn der Fall. Die Burggüter daselbst, die Reiß= (Pferde=) Höfe wurden nun bald (wohl von den Burggrafen von Nürnberg) aufgelöst, oder vielmehr vertheilt und verkleinert. Die 4 Sölben bestehen noch.

Wenn über das Alter von der Burg Schönbrunn Nichts bestimmt werden kann, so auch nicht über das Alter dieser beiden Dörfer. Wenn aber erwähnt wurde, daß im Jahre 1259 zum erstenmal ein Herr und Besitzer zum Vorschein kommt, der sich „Rübiger von Schönbrunn" benennt, so ist damit nicht blos die Burg allein, sondern auch der Ort gemeint. Dieser bestand aber gewiß vor jenen Jahren, wenn auch schriftliche Nachrichten mangeln. Das Schreiben war in jener alten Zeit gar wenig gebräuchlich; blos Stiftungen, besonders an Klöster wurden schriftlich verzeichnet. Der Rübiger von Schönbrunn kommt vor in einer Speinshardt'schen Kloster=Urkunde, und das Dorf Drosen (Tröstau) in der Urkunde von 1314, 12. Juli (siehe oben), nach welcher Taut von Schönbrunn mehrere seiner Orte und Güter dem Kloster Waldsassen übergiebt.

Die Entstehung und der erste Anbau der andern Dörfer an der obern Röslau.

Diese müssen in die Zeit nach 1344 gesetzt werden. Nach ihrem geschichtlichen Vorkommen erscheint diese 2. Classe der Dörfer in folgender Reihe.

Im Jahre 1394 erscheinen die Dörfer Leupoldsdorf und Vordorf mit Tröstau. Nach einem Rainungsbrief vom gedachten Jahre hat auf Anordnung des Burggrafen, Irn= oder Ehrenfried von Seckendorf, Amtmann zu Hohenberg, eine Vermarkung in den hiesigen fichtelgebirgischen Wäldern vornehmen lassen, weil Streit entstanden war zwischen Culmbach=Bayreuth und der Oberpfalz wegen der Landesgrenze; zu dieser Verrainung wurden gezogen als Zeugen: „von Tröstein vier, von Leupoldsdorf zween, von Vordorf fünfe, alte und junge, die Alten als „wissende und die Jungen als merkende". (Der Brief ist enthalten in Burggrafen Johannsens Gemeinbuch Fol. CCII.)

Es kann dabei auffallen, daß das Dorf Grötschenreuth in diesem Rainungsbriefe nicht erwähnt und kein Bewohner beigezogen wurde. Dieß wird wohl seinen Grund darin haben, daß dieser Ort damals noch nicht ins Leben getreten war. Da zu diesem Rainungsgeschäfte Leute von Leupolds= dorf und sogar von dem entfernteren Vordorf beigezogen wurden, so wäre es sonderbar, wenn Grötschenreuth, das doch viel näher lag, ausgeschlossen worden sei. Die Orte jenseits der Röslau wurden überhaupt später angebaut. Der Wald erstreckt sich sogar noch heutigen Tages ziemlich weit herein, besonders von der hohen Mätze her. Den Namen des Anbauers trägt das Dorf Grötschenreuth an der Spitze. Der Name Grötsch kommt in den Akten und Kirchenbüchern der Pfarrei Schönbrunn wiederholt vor bis 1699 ꝛc. Urkund= lich wird das Dorf zuerst erwähnt 1475 in einem Brief des Markgrafen Albrecht des Aelteren von Brandenburg an den Friedr. Leubel in Grötschenreuth.

Fahrenbach gehörte anfangs zu Grötschenreuth, denn es war auf Grötschenreuther Grund und Boden erbaut. Das Schloß war keines von den alten 12 Schlössern des Fichtelgebirges, wie die alten Geographen gefabelt haben, z. B. Bruschius in seinem Werk „der Fichtelberg" 1542. Es ist eben erst bei dem Dorfe Grötschenreuth erwähnt wor= den, daß der Churfürst und Markgraf Albrecht der Aeltere dem Friedel Leubel zu Grötschenreuth die im bayerischen Krieg verwüsteten Orte Nagel und Reichenbach, nämlich deren Grund und Boden mit den darauf haftenden Grundrenten geschenkt habe mit der Bedingung, daß er auf dem Konrads= berg — wohl früher schon des Leubels Eigenthum von Grötschenreuth aus — ein festes Haus baue. Dieß geschah, wenn auch nicht von ihm selber, doch von seinen unmittel= baren Nachkommen Hans und Gilg Leubel. Vor dem Jahre 1475 hatte dieser Berg kein Schloß getragen. Wäre vorher da schon ein bewohnter Ort gewesen, so wäre davon in der gedachten Urkunde gewiß Erwähnung geschehen.

Wo kommt nun der Name Fahrenbach her? Ihn von den Fohren abzuleiten, die auf dem Konrabsberg früher gestanden haben sollen, wie Ewald meint, ist grundlos. Oder soll er vielleicht an die Varer, Variske, erinnern, die in alter Zeit um das Fichtelgebirg wohnten? Die Fahrenleithe, ein Berg in der Nähe zwischen der Platten und dem Schneeberge möchte wohl diese Namensableitung begünstigen. Von einem Bache, der am Schlosse vorbeifließe, ist auch keine Spur. Der Name wird späteren Ursprungs und mit dem Schlosse entstanden sein. Der Schlüssel zu dieser Benennung möchte liegen in der eben genannten Urkunde vom Jahre 1475, nach welcher Fritz Leubel auf dem Konrabsberg ein festes Haus baue, und das Halsgericht, Grenz und andere herrschaftliche Obrigkeit nicht entziehen lasse. Es sollte also dieses feste Haus gleichsam eine **Wache sein gegen die von hinten her vordringenden Oberpfälzer.** Es scheint daher der Name **Fahrenbach** so viel zu heißen, als Vorn= oder Vorwache. In dem Original des Landbuches von 1498 soll der Name „Fornwach" stehen.

Weder in der Theilungs=Disposition des Burggrafen Friedrich zu Nürnberg zu Gunsten seiner Söhne Johann und Friedrich vom 19. Mai 1385, noch in der Theilungs=Notel über das Burggrafthum Nürnberg oder die Lande in Franken und auf dem Gebirge zwischen Churfürst's Friedrich I. Söhne Johann und Albrecht, Markgrafen zu Brandenburg von 1437 kommt das Schloß Fahrenbach vor, obgleich andere feste Orte des Landes, als Wunsiedel, Hohenberg, Arzberg, Weißenstadt, Rudolphstein u. s. w. darin aufgezählt werden. Diese Theilungs=Urkunden stehen im Minutoli: Leben Churfürsts Friedrich I.; wohl ein deutlicher Beweis, daß damals noch kein Schloß Fahrenbach bestanden habe.

Kühlgrün (Köhlgrün, Kohlgrün.) Dieser Ort erschien zum erstenmal 1482 in einer Urkunde, nach welcher die Gebrüder Friedrich und Sigmund, Markgrafen zu Culmbach=

Bayreuth die Oed und Wüstung zu der Kühlgrün an Peter Neupauer zu Wunsiedel verliehen. Im Landbuch heißt es: „Peter Neupauer hat bei dem genannten Dorfe einen Hof, das ist ein Schaafhof; dazu gehören 20 Tagwerk Wiesen, 12 Tagw. Feld und 4 Weiher.

Hildenbach. Hat wohl seinen Namen von dem ersten Anbauer, etwa Hiltner; denn die Hiltner kommen in älterer Zeit in der Pfarrei öfter vor; so begegnet uns 1498 Johann Hiltner, Müller (Landb.), noch 1624 ein Egidius Hiltner in Leupoldsdorf (Wunsiedler Trauregister); 1610 kommt in Leupoldsdorf ein Veit Hiltner vor. 1484 stiftete Nikol Heß, Bürger in Wunsiedel verschiedene Grundstücke und Gelder an die Kirchen zu Wunsiedel und zu Schönbrunn, unter andern 5 fl. 19 Gr. von einer Wiese, zu Hildenbach, zum Gottes= hause St. Peter in Schönbrunn. Daraus scheint wenigstens hervorzugehen, daß wohlhabende Wunsiedler Bürger bei dem Anbau dieses Dorfes sich stark betheiligt haben.

Breitenbrunn und Göringsreuth. Auch der Grund und Boden, worauf diese Orte stehen, hat wohl anfänglich zum Schönbrunner Schloß=Guts=Complex gehört. Dies mag aus Folgendem erhellen. Wie weit die Schönbrunner Markung an der Straße nach Wunsiedel hinreicht, ist daselbst bekannt; zieht man von dieser Grenze eine gerade Linie nördlich nach der Gö= ringsreuther und südlich über die Röslau hinüber nach der Brei= tenbrunner Seite, so fallen diese beiden Orte in den Schön= brunner Flurbezirk hinein. Bei Furthammer und Stellen= mühle reicht die Schönbrunner Flur=Grenze südlich bis an den Staatswald. Auf der nördlichen Seite reicht sie über die Göringsreuther Flur hinaus. Daraus ist zu schließen, daß die jetzigen Flurbezirke von Breitenbrunn und Görings= reuth einst zum Schönbrunner Schloßguts=Complex gehört haben und dann davon entweder als Lehen oder durch Kauf abgetrennt worden seien. Wenn sie zur Kirche in Wunsiedel gezogen wurde, ist nicht bekannt.

Aus welchen Gründen muß man den Anbau der Dörfer Leupoldsdorf, Grötschenreuth, Vordorf u. s. w. in spätere Zeit, nämlich in die der Burggrafen von Nürnberg von 1344 an, setzen?

1) Die Zeit, wo Schönbrunn, das Schloß, von den Rittern und Burgherrn, z. B. denen v. Hertenberg besessen wurde, war zur Anlegung und zum Anbau neuer Dörfer nicht geeignet, da gabs unter den Herrn, großen und kleinen, viel Krieg, „Auflauf" und Zerwürfniß; da herrschte das Schwert und nicht der Pflug. Neue Ansiedler drängten sich nicht herbei.

2) Vielmehr zog die von 1285 an sich erhebende neue Stadt Wunsiedel, mit anlockenden Privilegien versehen, Bau- und Culturlustige herbei, um das Bürgerrecht zu gewinnen und zu genießen. Das dauerte wohl bis in die Mitte des 14. Jahrh. (1350 ohngefähr.) Ein fester Zeitpunkt kann da natürlich nicht angenommen werden.

3) Zum Beweis, daß die Dörfer Grötschenreuth, Leupoldsdorf, Vordorf u. s. w. späteren Anbaues und Ursprungs sind, mag ferner gelten, daß nach einer Aufzeichnung der Bauernhöfe sämmtlicher Dörfer*) an der obern Röslau die Höfe in den hinteren oder oberen Dörfern bei weitem im Anbau und der Bevölkerung noch nicht so vorgeschritten waren, als in Schönbrunn und Tröstau. Bei diesen letzten waren die ganzen Höfe schon größtentheils in halbe getheilt; bei den andern Dörfern an der obern Röslau und im Walde waren öfter 2—3 Höfe in Einer Hand.

4) Von diesen hintern Dörfern, dann den vordern: Breitenbrunn und Göringsreuth kommt (soweit dem Verfasser wenigstens bekannt ist) vor 1344 keines schriftlich und urkundlich vor. Wenn nach der oben angeführten Urkunde von

---

*) Landb. von 1498.

1314 der Taut von Hertenberg sein Schloß Schönbrunn mit den Zugehörungen, nämlich den Orten Seußen, Hauenreuth, Tiefenbach, Drosen, dem Kloster Waldsassen schenkt oder zu schenken verspricht, so verschenkt er keines der Orte (Tröstau ausgenommen) oberhalb Schönbrunn mit; warum wohl nicht? aus dem einfachen Grunde, weil sie noch nicht bestanden. Es wäre doch sonderbar gewesen, wenn er **sein Schloß Schönbrunn** sogar verschenkt und die besseren Orte die dazu gehörten; die weniger guten und am Walde liegenden behalten hätte. Wie mags wohl mit dem **Anbau** dieser Orte hergegangen sein?

Die Colonisten kamen wohl nicht aus der Ferne, sondern aus den nächsten **bereits angebauten und bevölkerten Orten** (Wunsiedel, Schönbrunn ꝛc.) Der Burggraf von Nürnberg als nunmehriger Landesherr wünscht, daß das Waldland westlich von der neuen Stadt Wunsiebel an dem Rößlaufluß bis an das Gebirg hin ausgereutet und zur Verbesserung der Landeseinkünfte besser angebaut werde. Anbauluftige erhielten eine in gewisse Grenzen gefaßte Strecke dieses Waldbodens, vielleicht ohne Kaufschilling, nur unter der Bedingung, daß nach erfolgtem Anbau gewisse Abgaben, etwa der Zehnten u. s. w. an den Landesherrn geleistet werden. Es mochte auch Speculation im Spiele sein. Die Strecke Landes wurde in Höfe getheilt, einem oder mehreren zugemessen, und die Höfe bezimmert. Von dem, der zuerst den Anbau in Angriff nahm, hieß er Leupold, Hiltner, oder Grötsch, wurde der Name der neuen Ansiedlung oder des Dorfes hergenommen. Zuerst wurde das Land in der Nähe der Wohnungen in Cultur gesetzt. Das entferntere blieb gleichsam als Reservland liegen, zu Viehhut oder flog mit Wald an, daher die Gemeindeländereien. Die Zahl der Tagwerke angebauten Bodens blieb sich daher nicht gleich, sondern richtete sich nach der an Umfang fortschreitenden Ausreutung. Um das Jahr 1500 mag der Hof ohngefähr

20—21 Tagwerke cultivirten Bodens gehabt haben, theils Wiesen, theils Feld. Im Landbuch zu Wunsiedel vom Jahre 1498 heißt es z. B.: „Michel Karl hat einen Hammer (zu Tröstau) 22 Tagw. Wiesen und 20 Tagw. Feldes, das Alles etwa (sonst) zwei Höfe gewest."

Bürgerliche Verfassung.

In welcher bürgerlichen Verfassung standen diese Orte nach oben und unter einander? — Als der Burggraf von Nürnberg durch die Gewinnung der Burg Hohenberg 1285 festen Fuß in dem westlichen Theile des Egerlandes gefaßt hatte, richtete er daselbst ein Amt ein, das erste der spätern 6 Aemter und setzte einen Amtmann. Dieses war Anfangs das einzige Amt für die burggräflichen Unterthanen im ganzen Röslauthale. Als Wunsiedel zur Stadt sich erhob, findet sich noch keine Spur von einem Amte oder Amtmann daselbst; wahrscheinlich waren die Bürger daselbst eximirt (d. h. ausgenommen von der amtmannschaftlichen Curatel), hatten bald ihre eigene städtische Verfassung und mancherlei Privilegien. In dem schon oben genannten Rainungs-Protokolle zwischen Culmbach-Bayreuth und Oberpfalz vom Jahre 1394 führte Ehrenfried von Seckendorf, Amtmann zu Hohenberg, die Leitung dieses Geschäfts. Der erste Amtmann, der für Wunsiedel erscheint, war Hans von Kotzau, 1440, dem Jobst von Schirnding folgte, der 1462 die Böhmen von den Mauern Wunsiedels vertrieb. Vor dem Ehrenfried von Seckendorf ward schon 1360 Albrecht Nothhaft als Amtmann von Hohenberg gefunden. Mit der Abtretung von Schönbrunn und Tröstau an den Burggrafen von Nürnberg 1344 wurden diese Orte an den Amtmann in Hohenberg gewiesen, an diesen hatten sie damals auch ihre herrschaftlichen Abgaben zu liefern. Noch im Jahre 1498, wo schon in Wunsiedel ein Amtmann war, heißt es von den Bauern in Schönbrunn: „Jeder gibt 1 Meßlein Haberns dem Vogt von Hohenberg."

Von dem Burggute in Tröstau heißt es dann "es ge=
hört nach Hohenberg." In einer Beschreibung von Schön=
brunn von 1677 heißt es unter den Abgaben: "2 fl. 32 kr.
für die ehemalige Hohenberger Schloßfrohn."
Von den andern Schönbrunner Pfarrorten kommt dergleichen
Beziehung zu Hohenberg nicht vor; ein abermaliger Beweis
für das spätere Alterderselben.

Die Schönbrunner Dörfer standen später zu ein=
ander in einer noch näheren Gemeinschaft in Folge
einer Art magistratischer Verfassung, die ihnen,
wahrscheinlich auf ihr Ansuchen vom Burggrafen gegeben
ward. Die Urkunde oder das Privilegium ist nicht vor=
handen, nämlich in Schönbrunn nicht, noch in Wunsie=
del. Von dieser Verfassung heißt es im Landbuch von
1498 "item daselbst zu Schönbrunn hat mein gnädiger Herr
(der Markgraf zu Culmbach) seine eigenen Richter und Ge=
richt über seine Leute, soweit das Obergericht geht." Zu
diesem Gerichte gehörten alle Dörfer von Schönbrunn auf=
wärts an der Röslau und die Waldbörfer dazu: Birst,
Kühlgrün, Hildenbach. Dieses Gericht hatte über Polizei=
sachen und kleinere Frevel zu entscheiden und zu strafen, Ge=
burtsbriefe auszufertigen, die Kirchenrechnung abzuhören und
dergleichen. Jährlich am Stephanstage (2. Weihnachtsfeier=
tage) traten sie, nämlich die Vertreter dieser Dörfer, in
Schönbrunn zusammen, um die nöthigen Wahlen vorzu=
nehmen "in den Rathsstand". Der Diacon von Wun=
siedel, der gerade Filialprediger oder Ordinar war, führte
den Vorsitz; der Schullehrer und Cantor war Gerichts=
schreiber, in der Kirche hatten sie einen eigenen Ehren=
sitz, "Rathsstand". Ihre Ausfertigungen begannen sie mit
der Formel: "Wir Richter, Bürgermeister und Rath zu
Schönbrunn, des Gerichts, bekennen für uns und unsere
Nachkomen in diesem Briefe öffentlich u. s. w. Wann Schön=
brunn und die dazu gehörigen Dörfer diese Verfassung er=
hielten, ist nicht bekannt; auf jeden Fall aber zwischen 1400

und — 1480, denn im Jahre 1439 waren sie schon im Besitz derselben laut eines Panierbriefes, gegeben zu Quolzbach (Ansbach) am Montage vor St. Maria-Magdalenen-Tag 1439 durch Markgraf Friedrich den Altern zu Brandenburg. Dieser Brief ist des Inhalts: „es ist vor uns gekommen unser lieber getreuer Johannes Görlein von Schönbrunn und hat uns wegen und anstatt des Richters ꝛc. fürgebracht, wie sie vor dem böhmischen Walde sitzen und mit Reißen (Kriegszügen) oft über Land beschwert werden, deßhalb sie eines Paniers und Insiegels wohl dürftig wären ꝛc. Dieses Panier und Insiegel erhielt folgende „Form und Maas" „daß in dem Schild oder Panier auf der einen Seite (rechts) weiß und schwarz ein Quartier, und auf der andern (links) ein Brunnen mit einem aufgezuckten Eimer im rothen Feld sein soll, das dann in der Mitte in diesem Brief eigentlich mit Farbe verwaffnet, gemalt und ausgestrichen ist." Oben darauf befindet sich der Brackenkopf, ein Bestandtheil des burggräflichen Wappens, den andere Städte und Märkte im früheren Burgrafthum Nürnberg, oder späteren Fürstenthum Culmbach-Bayreuth auch führten, z. B. Wunsiedel, Ahornberg u. s. w.

Die Schönbrunner Gemeinde führt dieses Wappen heute noch in ihrem Siegel. Das Original der Urkunde ging durch Feuersbrunst verloren, wurde aber auf Bitten des Raths unterm 1. Juli 1700 durch den Markgrafen Christian Ernst zu Bayreuth nach einer producirten Abschrift erneuert. Diese ist noch vorhanden.

Diese beiden Privilegien, nämlich das über die gemeinsame Verfassung und das über das Panier, zeigten allerdings an, daß Schönbrunn mit seinen Dörfern nach 1344 unter burggräflicher Regierung sich in gewissen Stücken hervorgethan habe, etwa in Kriegszeiten u. s. w. und bei dem Landesherrn gut angeschrieben war. Es war allerdings etwas Besonderes, Schönbrunn mit seinen Dorfschaften, so nahe an der neuen Stadt Wunsiedel eine exemte, von der auf dem

Lande gewöhnlichen ausgenommene Verfassung zu geben, und läßt vermuthen, daß diese Orte schon früher zusammengehörten; aber daraus zu schließen, wie Dr. Ewald gethan hat*), als ob es damit auf eine Stadt bezüglich Schönbrunn abgesehen gewesen wäre, neben Wunsiedel, ist ganz grundlos. Hatten ja die sieben vereinigten Dörfer Ahornberg ꝛc. bei Münchberg dieselbe Verfassung, ohne daß es Jemanden eingefallen ist, ein Stadtrecht für ersteres daraus abzuleiten.

Diese lokale Verfassung war mit der Zeit zur todten Form geworden, bestand unter kgl. preuß. Regierung (1792) nur dem Namen nach und hörte mit dem Einverleiben der 6 Aemter in die Krone Bayern 1810 ꝛc. und namentlich mit dem Erscheinen des Gemeinde-Edikts ganz auf.

Bestand der Schönbrunner Dörfer an der Röslau um das Jahr 1500**).

1. Schönbrunn.

1. Kunz Wolf .... 1 Hof.
2. Herrmann Haimann 1 „
3. Hans Rumeier .. 1 „
4. Hans Schütz ... ½ „
5. Nikol Grimm .. ½ „
6. Hans Meier ... 1 „
7. Michael Echter .. 1 „
8. Hans Wolf .... 1 „
9. Peter Penker ... 1 „
10. Lorenz Thiermann 1 „
11. Hans Echter ... 1 „
12. Ullein Stoll ... ½ Hof.
13. Veit Hannes ... ½ „
14. Jorg Christel .. ½ „
15. Dorothea Putzin . ½ „
16. Hans Penker .. ½ „
17. Kunz Wolf ... ½ „
18. Lorenz Stoll ... 1 Hof.
19. Friedel Karl hat zwu Herbergen (Sölbengut).
20. Erhardt Holzhauer 1 Herberg.
21. Friedel Schelterin 1 Herberge.
22. Albrecht Wunscher, Müller, hat eine Mühl.

Es waren also 10 ganze und 8 halbe Höfe, im Ganzen 14 ganze Höfe, 4 Herbergen oder Sölben.

---

*) Die erste Confirmation: Schönbrunn. Nürnberg 1820.
**) Nach gleichzeitigen Handschriften. Landbuch.

Furthammer. Ein Hammer an der Furth (Ueberfahrt) über die Röslau, unterhalb Schönbrunn. Im Landbuch von 1498 heißt es: „Michael Karl hat einen Hammer, der Furthammer genannt". Im Jahre 1575 saß darauf Nikolaus oder Claus Silbermann.

2. Tröstau.

Ist ein sehr alter Ort. In der oben erwähnten Urkunde von 1314, wo der Tuto von Hertenberg sein Schloß Schönbrunn und mehrere ihm gehörige Orte dem Kloster Walbsassen übergibt, kommt Drosen vor; was ist das anders als das jetzige Tröstau? Nach dem Landbuch von 1494 waren daselbst 4 Bauernhöfe, von denen 2 getheilt waren. Darauf saßen:

1. Georg Heischmann 1 Hof.
2. Nikol Karl .... ½ „
3. Lorenz Schelter .. ½ „
4. Endreß Müllner . 1 Hof.
5. Hannß Reger ... ½ „
6. Heinß Selbner .. ½ „

Außerdem ist daselbst ein Burggut; auf dem saß in alter Zeit ein Lehensmann des Burgherrn zu Schönbrunn, auf dessen Erfordern selbiger mit einem reisigen Pferd (Kriegspferd) in den Krieg ziehen, oder im Falle die Burg zu Schönbrunn bedroht ward, mit Schutz bereit sein mußte. Dafür genoß er das Burggut als ein Lehen, mit 15 Tagwerk Wiesen und 15 Tagwerk Felder, 3 Weihern und 4 Sölbengütlein, jedes mit 2 Tagwerk Wiesen und 2 Tagwerk Feldes; diese mußten dem Burggutsbesitzer den Zins geben und ihm als seine Unterthanen den Lehenseid leisten. Das Burggut war frei von allen Lasten; nur dem Pfarrer in Wunsiedel mußte es den 3. Theil des Zehnten geben. Im Jahre 1498 saß auf dem Burggut Ott Lehenner.

In Tröstau war vor alter Zeit her ein Zinnwerk und ein Bergwerk nebst einem Hammer; denn der Markgraf Friedrich VI. oder Churfürst Friedrich I. gibt 1437 ein Privilegium dem Jakoben Kauerhals und seinen Gewerken „das Zinnwerk und Bergwerk zu Tröstein" (Tröstau.)

Nach dem Landbuch von 1498 saß Michael Karl auf dem Hammer, hatte dazu 22 Tagw. Wiesmats und 20 Tagwert Feldes, 6 Weiher u. s. w.; waren sonst 2 Höfe. Vielleicht wurde ein früheres Burggut außer dem schon angeführten in einen Hammer und ein Hammergut umgewandelt, als der Bergbau an der Röslau aufkam. Zinse 3 fl.

Das Hammergut war 1593 schon getheilt, denn nach einer Urkunde vom 24. Juli gedachten Jahres erhielt Hans Schlenk daselbst auf sein Bitten vom Markgrafen Georg Friedrich das Privilegium auf seinen halben Theil des Hammergutes — die andere Hälfte hatte Hans Frank — ein neues Hammerwerk auf der sogenannten Brunnen-Wiese aufzuführen. (Neuer oder Blechhammer.)

3. Grötschenreuth.

Im Jahre 1498 waren 8 Höfe, und diese folgendermaßen besetzt.

1. Hans Paßold .. 1¼ Hof.
2. Hanns Karl ... 1 „
3. Ulrich Wening .. 2 „
4. Lorenz Hans ... 1 „
5. Jakob Tiermann . 1 Hof.
6. Endreß Drechstl . 1 „
7. Hans Rauh .... 1 „
8. Nikol Drechsel 1 Mühle.

4. Leupoldsdorf.

In den Kirchenbüchern früher Laiplas- oder Leubels-, Leubersdorf genannt, trägt wohl den Namen dessen, der sich hier zuerst ansässig machte, an der Spitze. Höchst wahrscheinlich war es Einer von der schon bei Grötschenreuth und Fahrenbach genannten, in älterer Zeit zu Wunsiedel angesehenen und begüterten Leubel'schen Familie. Die Hammerseite in der Nähe des Röslauflusses scheint zuerst angebaut worden zu sein. 1498 saßen auf den Höfen daselbst:

1. Fritz Sammtrock . 1¼ Hof.
2. Hans Selbner .. 1 „
3. Cunz Golbner .. 1 „
4. Cunz Löffler .. 1 „
5. Hans Sammtrock
6. Hans Pinfangl . 2 Höfe.
7. Ulrich Bescherer . 1 Hof.
8. Endreß Tiermann 1¼ „
9. Hans Gerung .. 1 „

Jeder hat Kaufrecht, d. h. durfte seinen Hof verkaufen. Jakob Taubenmerkel hat einen Hammer und dazu einen Hof, zinst von jenem 1 fl., von diesem 1 Ort, d. h. 15 kr. Im Jahre 1561 kommt vor Hanns Taubenmerkel, wohl ein Sohn des obengenannten Jakob. Der Hauptmann auf dem Gebirge, Wolf von Schaumberg, schrieb nämlich in diesem Jahr, Bayreuth den 20. Mai, an den Kastner Jakob Lehenner in Wunsiedel: „Der Hanns Taubenmerkel hätte wieder die Müller in den 6 Aemtern Klage geführt wegen des Metzenrechts und er (nämlich der Hauptmann) habe gefunden, daß Taubenmerkel über 40 und mehr Jahre männiglich um den Metzen gemahlen habe.

5. Vordorf (Fordorf).

Brusch in seinem „Fichtelberg" von 1542 nannte es Fahrdorf, was auch richtiger zu sein scheint. Die Fahrenleiten, in deren Nähe dieses Dorf liegt, mag auf den Namen desselben Einfluß gehabt haben. Die Höfe waren 1498 also besetzt;

1. Erhard Partll . 2 Höfe.
2. Hans Bauerriebl 2 „
3. Peter Dürr . . . 2 „
   Item hat eine
   Hammerstatt mit
   6 Tgw. Wiesen.
4. Ullein Klug . . . 1 Hof.
5. Hans Müllner b.
   alte . . . . 2 Höfe.
6. Hans Nürnberger 1. Hof.
7. Hans Niklas . . 2 Höfe.
8. Jörg Hanfstengl 2 „
9. Hans Echter . . 1 Hof.
10. Hans Müllner b.
    kleine . . . . . . 2 Höfe.
11. Partl Seiler . . 3 „
12. Hans Roßner . . 2 „
13. Hans Preuß . . 1 Hof.
14. Jak. Saamhaupt 2 Höfe.
15. Hans Hausner hat zwo Herbergen.

In Summa 26 Höfe, 2 Herbergen.

5. Virst.

(Vierst, Fürst.) Hat den Namen von seiner hohen Lage, Spitze. Im Landbuch kommt es schon vor und hatte folgende Höfe:

1. Fritz Zann hat . . 3 Höfe.   4. Hans Bescheerer . 2 Höfe.
2. Cuntz Müllner . . 4 „   5. Hans Hammon . . 1 „
3. Herrmann Müllner 2 „

In Summa 12 Höfe mit 5 Mannschaft.

7. Kühlgrün.

Siehe oben Seite 15; 1498 noch ein Schafhof gleich 2 ganzen Höfen.

8. Hildenbach

hatte in jener Zeit folgende Höfe und Besitzer:
1. Hans Hilbenmüller 1 Mühl.   7. Peter Tiermann . 1 Hof.
2. Kunz Richter . . . 1 Hof.   8. Hans Hann . . . 2 Höfe.
3. Kunz Schelter . . 1 „   9. Michel Kumeier . 1 Hof.
4. Jakob Golbner . . 1 „   10. Hans Höfer . . . 1 „
5. Heinz Bescheerer . 1 „   11. Kunz Herold . . . 2 Höfe.
6. Hans Tumsenreuther 2 Höfe.

Jeder hat Kaufrecht (wie die Höfe der andern Dörfer auch).

Es bestanden also um das Jahr 1500 in den Dörfern an der Röslau über hundert Höfe (ganze), wovon etliche in Schönbrunn und Tröstau schon getheilt waren, mit etwa 80 Manuschaften oder Familien.

2. Die Dörfer an der Ober-Naab.

Reichenbach, Nagel, Hohenbrändt ꝛc.

Diese Dörfergruppe hatte in den alten Zeiten mit den vorhergenannten an der Oberröslau nicht die geringste Gemeinschaft. Die Gegend an der Ober-Naab tritt urkundlich schon 1060 hervor, in welchem Jahre die Kaiserin Agnes ihrem Diener Otnant „ein Stück Land im Nordwald schenkt" das von der Fichtel-Naab, der Schwurbach und Trevina begrenzt wird (Mon. Boic. XXIV.). Von diesem Jahre bis zu 1180 und 1200 muß diese Gegend angebaut worden sein, denn im ersteren Jahre erscheint bereits Ebenöd (Ebnat) und

1200 treten fast sämmtliche Dörfer urkundlich auf, die heute noch zur Pfarrei Ebnat gehören; unter ihnen auch Reichenbach und Nagel. Später finden wir diese beiden Orte in dem Besitze der Burggrafen von Nürnberg oder Markgrafen zu Culmbach=Bayreuth, z. B. 1475 übergiebt, wie bereits bei Fahrenbach erwähnt wurde, der Markgraf Albrecht der Aeltere dem Fritz Leubel zu Grötschenreuth die verwüsteten Orte Nagel und Reichenbach u. s. w. Wie und Wann aber sind sie in deren Hände gekommen? Eine Urkunde, gegeben Amberg, 9. September 1364 (Mon. Zoller. B. IV. Nr. XXXVI.) mag uns darüber belehren. Ihr Inhalt ist: „Churfürst Ruprecht von der Pfalz und Burggraf Friedrich zu Nürnberg vergleichen sich wegen der Grenzen der Grafschaft Walbeck." Die Länder beider Fürsten grenzten in der Gegend und in dem Amte Walbeck zusammen. Sie waren beide noch nicht lange im Besitze dieser Bezirke. Die Pfalzgrafen von Bayern erhielten nämlich nach Abgang der Hohenstaufen in Folge des Vertrags zu Pavia 1329 mit der Oberpfalz überhaupt auch diese Gegenden an der Ober=Naab, und seit dieser Zeit kam der Name „Oberpfalz" auf statt des früheren Namens „Nordgau". Die Burggrafen von Nürnberg aber schritten seit der Erwerbung von Hohenberg und Wunsiedel 1321 und Schönbrunn 1344 vom obern Röslauthale in das obere Naabthal vor und hatten bereits Besitz von Nagel und Reichenbach sammt der dazu gehörigen Gegend ergriffen. Zwar sind weder diese noch andere Orte in obiger Vergleichungsurkunde genannt, und es grenzte das Fürstenthum Bayreuth auch in der Gegend von Neustadt am Culm, Wirbenz, an das pfälzische Amt Walbeck, aber eben deswegen, weil keine Orte in der Urkunde gegeben sind und dieselbe im Allgemeinen spricht, werden Reichenbach und Nagel darinnen begriffen sein. Der Burggraf von Nürnberg wurde laut genannter Urkunde in dem Besitz derselben anerkannt, denn es heißt: „Wo Unser Jeglicher jetzt sitzt und bisher gesessen hat in Nutz und Gewähr — der soll fürbaß auch darin verbleiben und geruhig=

lich sitzen." Das war aber die letzte Grenzbereinigung zwischen Oberpfalz und Bayreuth nicht, wie es überhaupt zwischen beiden später noch manche Anstöße gab, die sogar zum öffentlichen und kriegerischen Ausbruch kamen. Die Grenzbereinigung von 1394 unter Anführung des Amtmanns Ehrenfried von Seckendorf in Hohenberg, dann die von 1436 umgehend, will der Verfasser besonders der von 1536 Erwähnung thun, weil sie für die späteren kirchlichen Verhältnisse dieser Gegend nicht ohne Einfluß war. Von der von beiden Seiten 1534 niedergesetzten Kommission wurden die Grenzen begangen, besichtigt und zu Kemnath den 3. Mai 1536 (was die Grenze gegen Wunsiedel hin betrifft) folgendermaßen entschieden:

1) Die Grenze des pfälzischen Amtes Walbeck mit dem Brandenburgischen Hohenberg sei also bestimmt, daß der Pfalz der Markt Waltershof, das Dorf Robensreuth und der halbe Teichelberg; Brandenburg dagegen die andere Hälfte des Berges 2c. gehöre.

2) Die Grenze von Robensfurth bis auf die hohe Kösseine und von da bis an den Fichtelsee soll also bestimmt werden, daß jeder Theil vom Strittigen ohngefähr die Hälfte bekommt.

Es wurde nun unterm 27. Juni letztgenannten Jahres die Vermarkung von Waltershof an bis zur äußersten Spitze der Platte am Fichtelsee mittelst Setzung von 58 Grenzsteinen vorgenommen. Die Grenze ging mitten durch Reichenbach, denn im Verrainungsprotokoll heißt es: „Darnach fürber hinab in das Dorf Reichenbach zunächst ob der Muel (Mühl) bei dem Weiher, da ist ein rainstein gesetzt mit der Ziffer 17 und einem †". Die Mühle wurde später nach Fahrenbach verlegt, doch ist der Name Mühlbühl geblieben. Die südliche Hälfte von Reichenbach und das ganze Dorf Nagel fiel also auf oberpfälzische Seite. Diese Grenzberainung blieb bis zum Jahre 1803, wo sie kgl. preußischer und churpfalz-bayerischer Seits dahin wieder abgeändert wurde, daß ganz Reichenbach, Nagel u. s. w. dem Amte Wunsiedel, b. h. dem Bayreuther Fürstenthume, damals dem Königreich Preußen einverleibt, abermals überwiesen wurde.

Darum gehören diese Orte heute noch zum k. Bezirks= amt Wunsiedel.

Nach dem Landbuche von 1498 saßen in Reichenbach: Auf ganzen Höfen: Hanns Püchelberger, — Jakl, — Herrmann, — Allt Holzel, — Albrecht Kueschwert, — Hanns Kern, — Barthol. Holzel. In Summa 7. Auf halben Höfen saßen: Angst, Nikol Tollhammer, — Kuntz Fortling, — Hans Kueschwert, — Erhardt Pe= solbt. — In Summa 5. Im Ganzen 9½ ganze Höfe. Der fehlende halbe Hof ist:

Hohebrändt, jetzt ein Weiler auf der Höhe nördlich bei Reichenbach. Der Name kommt um das Jahr 1500 noch nicht, im Wunsiedler Taufregister aber im Jahre 1558 zum ersten Mal vor. Der Name Hohenbrändt war wohl schon früher und vor dem Anbau vorhanden und bezeichnet eine Ge= gend, die durch Abbrennen des Waldes zur Cultur hergerich= tet war, und die Bezeichnung „hoh" hat darin ihren Grund, weil diese Einöde auf der Höhe (nördlich bei Reichenbach) liegt, oder auch zum Unterschied von dem tiefer liegenden Orte Brand zwischen Nagel und Culmain. Dieser halbe Hof wurde erst nach 1498 bezimmert, und ergänzt den in Reichenbach (9½) fehlenden halben Hof auf die runde Zahl 10.

Der Anbau war in gutem Fortgang begriffen, bis er in der Mitte des 17. Jahrhunderts durch die traurigen Fol= gen des 30jährigen Krieges auch in diesem Landestheil, ge= stört wurde. Für Wunsiedel und Umgegend machten sich insbesondere die Jahre 1630—33 fühlbar. Was diese Stadt darunter gelitten, erzählen die Nachrichten, die niedergelegt sind in dem städtischen Archiv daselbst. In Rücksicht aber auf die umliegenden Dörfer erzählt ein hauptmannschaft= licher Bericht von 1642 (Bamberg, Archiv) also:

„In Schönbrunn waren nur noch 5 bewohnte und 4 öde Höfe und Güter; 20 waren abgebrannt; die andern Be= sitzer waren gestorben; in Grötschenreuth waren 9 bewohnte Höfe und Güter sammt einer Mühle; und 1 öder Hof; in

Tröstau 6 bewohnte und 3 öbe Güter; ein Hammergut war bewohnt; in Leupoldsdorf waren 10 bewohnte und 2 öbe Güter nebst einem bewohnten Hammergut; in Vordorf sechs bewohnte Güter, darunter eine Mühle, 10 öbe; 5 waren abgebrannt; in Vierst 4 bewohnte und 2 öbe Güter; in Kühlgrün 2 bewohnte Güter; in Hildenbach 2 bewohnte und 10 öbe Güter u. s. w.

In der ganzen Hauptmannschaft Wunsiedel waren nur noch 6 bewohnte, 10 öbe und 2 abgebrannte Burggüter, 106 bewohnte, 53 öbe und 39 abgebrannt Höfe. Ein Hof, der früher 500 fl. galt, war jetzt kaum 50 fl. werth. In der hiesigen Kirchenrechnung von 16$\frac{33}{34}$ kommt die Notiz vor: „wegen Unsicherheit des Kriegsvolks konnte der obere Peters= weiher (Wiese) nicht gemäht werden"; so war es wohl in der ganzen Gegend. Was wurde dazu von dem Kriegsvolk geraubt! Auch die Kirchengelder waren nicht sicher. In der= selben Kirchenrechnung liest man: „es sind zwar 10 fl. 20 kr. (durch den Klingelsack) gesammelt worden, doch haben die Soldaten davon 5 fl. 44 kr. genommen."

In Folge der Verlassenheit der Gegend von Seite der Menschen drängten sich wilde Thiere herbei. Im Jahre 1642, den 21. März fällt ein Wolf aus dem Walde bei Vordorf bei dem Moosbrunnen den 8jährigen Sohn des Johann Lang an und zehrt ihn auf bis auf die Arme und den Kopf; in demselben Jahre fällt wahrscheinlich derselbe den 10jährigen Sohn des Thomas Stöckel aus Tröstau an, verzehrt ihn und läßt blos die Knochen zurück. In der Kir= chenrechnung von 1640 ist angemerkt: es ist der Wolf durch die Stadtmauer von Wunsiedel gehetzt worden vom Haupt= mann v. Muffel. Der Markgraf von Bayreuth ließ durch die Amtshauptmannschaft Wunsiedel die Aufforderung erge= hen, die Angehörigen sollten sich um die veröbeten Höfe melden, sonst würden sie Andern überlassen gegen Entrich= tung der darauf ruhenden Lasten.

Zweiter Theil.

Die Pfarrei Schönbrunn

(älterer und neuerer Zeit).

I.
Die Einführung des Christenthums im Nordgau.

Die christliche Religion kam in diesen nördlichsten Theil des Nordgaues von Regensburg her, wo schon um das Jahr 700 ein Bischofssitz errichtet war. Demselben war dieses damalige „Slavenland" zugetheilt. Wann die christliche Mission von diesem Bisthum aus das hiesige Land und dessen Hauptpunkt, das spätere Eger, erreichte, ist nicht bekannt. Da, in Eger, ward eine anderweitige Pflanz- und Missionsstätte angerichtet, aus welcher ein weit ausgedehnter Pfarr-Sprengel wurde; man kann das Jahr 1000 als mittlere Zahl annehmen.

Auf der alten Burg daselbst geboten die Markgrafen des Nordgaues, vom deutschen Kaiser gesetzt, um die teutsche Grenze oder Mark zu schützen gegen weiteres Vordringen der slavischen Böhmen und Czechen in das Reich hinein, und um die bereits hier zu Lande Eingedrungenen zu bewachen. Um das Jahr 1100 bekleideten die bayerischen Grafen von Vohburg diese Markgrafenwürde, in der alten Geschichte des Nordgaues gar wohl bekannt. Diese Vohburg-Nordgau'schen Markgrafen haben sich um die Begründung des Christenthums und um den Anbau der Kirche in diesem Egerlande, sowie in der Oberpfalz gar sehr verdient gemacht. Wenn daher Dr. Ewald in seinem Büchlein: „Die erste Confirmation in Schönbrunn", Nürnberg 1828, S. 57, behauptet: Die Markgrafen von Vohburg hätten sich die Verbreitung des Christenthums nicht sehr angelegen sein lassen, so ist das ganz falsch, im Gegentheil, diese Markgrafen haben vor Allen dazu geholfen, das christliche Wesen in diesem Lande zu pflanzen und zu begründen, nach dem Geiste damaliger Zeit. Die Hauptkirche Sct. Niklas in Eger war sehr wahrscheinlich ihr Werk und ihre Stiftung; denn nach einer Urkunde vom Jahre 1263*) war diese Kirche und Pfarrei ein Eigenthum des letzten Hohenstaufen Conradin; dessen Ahnherr, Kaiser Friedrich, genannt der Rothbart, hatte durch seine erste Gemahlin Adelheid, aus dem Hause der Vohburg'schen Markgrafen Eger, sammt dem ganzen Egerlande ererbt.

Unter dem Einflusse dieser nordgauischen Markgrafen bewegte sich, wie Anbau, so auch die Mission, von Eger, als dem Hauptpunkte aus nach allen Richtungen; wir fassen hier die westliche Richtung ins Auge.

Walbsassen, das Kloster, ward 1132 von Theobald oder Dippold II., Markgrafen von Vohburg, gegründet, vorher schon, 1118, das Benediktiner-Kloster zu Reichenbach am Regen bei Roding, Güter und Pfarrei dazu geschenkt oder die Güterschenkungen seiner Vasallen bestätigt, z. B. 1135 hatte er Gottfriedsreuth, später Gottfriedsgrün genannt, bei Redwitz, dahin übergeben**). Im Jahre 1180 stiftete Dippolus jun. (III.), Markgraf zu Vohburg, ein Landgut, einen kleinen Landstrich, auf welchem zugleich die Kirche von Ebenöd (Ebnat) geweiht wurde, an die genannten Klöster Reichenbach und Walbsassen. Wir wollen etwas näher gehen. Im Jahre 1150 hat Markgraf Dippold (II.) von Vohburg die beiden Dörfer Wernersreuth, das eine bei Walbsassen, das andere bei Asch, dem Walbsassener Kloster geschenkt; als Zeugen zog er zur Schenkungs-Urkunde bei sämmtliche Pfarrer der Nordmark, — Parochiani werden sie genannt, — nämlich von Eger, Wondreb, Beidel, Tirschen-

---
*) Bayerische Regesten.
**) Reichenbacher Kloster-Urkunden. Monum. boica. XXVII.

reuth — und von Radowitz (Redwitz).*) Warum denn jene von Asch, Selb ꝛc. nicht? Selb liegt doch so weit nicht von Asch und soll eine alte Pfarrei sein. Vielleicht waren alle diese Pfarrer der Nordmark sammt ihren Pfarreien diesem Markgrafen als ihrem Patron verpflichtet. Nordmark war die nördliche Mark der großen Markgrafschaft des Nordgaues. Wie die ältesten Nachrichten andeuten, war dieser eingetheilt in die Chamber, Nabburger, Hohenburger und — die Nordmark; die 3 erstgenannten zogen sich von Süden, von der Donau aus herauf nach Norden, etwa bis an den Steinwald und die Kösseine; die Nordmark, welche Benennung wohl später aufkam, ging von Osten nach Westen und faßte in sich das Land von Eger bis ebenfalls an das Fichtelgebirg, und war der Egergau, das Egerland mit Einschluß der spätern 6 Aemter. Zugleich muß dieser Dippold III. ein großer Freund und Beförderer der Kirche gewesen sein; ihre Anpflanzung in diesem Lande lag ihm daher gewiß am Herzen!

II.

Die uralte Missions- und Mutterkirche zu Redwitz.

Es bestand also schon um 1150 und wahrscheinlich noch früher eine Pfarrei Redwitz; dieselbe ist demnach wohl die älteste in dem westlichen Egerlande (den spätern VI Aemtern); in der beurkundeten Geschichte kommt eine andere Pfarrei früher nicht vor. Damit stimmen auch andere geographische und historische Andeutungen und Angaben. Die breite Ebene, in deren Mitte Redwitz liegt und die vom Kösseinflüße und seinen Nebenbächen durchschnitten wird, lockte gewiß die slavischen Colonisten eher und mehr an, als die engeren Thäler der Röslau. Redwitz ist daher unstreitig ein sehr alter Ansitz der Slaven; das bezeugt schon der

---

*) Bayerische Regesten.

Name; die Orts-Namen an der Röslau, als spätern Ursprungs, sind meistens teutsch. Dazu ging, dieser slavischen Ansiedlung folgend, eine der ältesten Strassen von Eger unmittelbar durch das Kösseinthal in das Nabthal nach Kulmain, Kemnath ins Reich. Diese Strasse ist in einer Urkunde von 1061 bezeichnet. Darin wird ein gewisser Landstrich im „Nordwald" beschrieben und begrenzt, an der Obernab, den die Kaiserin Agnes einem ihrer Günstlinge, Otnand, schenkt. Die Grenze beginnt nördlich da, wo die Nab, (Krummenab) entspringt, und geht südöstlich herab, wo die Schwurbach, die Trevina in die Naab fallen und kommt endlich an den Weg, an die Strasse, die von Eger hervorgeht*)". Diese Strasse war also verschieden von jener, die von Franken herauf durch den (Hercynischen) Fichtelwald über Gefrees und Wunsiedel sich nach Eger zog. Bei Robensfurth im Kösseinthale soll noch ein Stück Weges zu finden sein, das „die alte Strasse" heißt.

Wenn nun Redwitz eine der ältesten Pfarreien im westlichen Theile des Egerlandes ist, so war sie auch zugleich eine ausgedehnte, wie die alten Pfarreien fast alle, also eine Missions- und Mutterpfarrei. Ihre Thätigkeit in der Bekehrung und der Anpflanzung der Kirche hat sich namentlich nördlich und nordwestlich gewendet in das Röslau- und zum Theil auch in das Egerthal; es wurden zuerst etwa mit Hülfe der großen Gutsbesitzer und Adeligen Kapellen errichtet, aus denen nach und nach Filial- und noch später Pfarrkirchen wurden. Wir können diesseits einen Kreis, eine Gruppe von Kirchen und Pfarreien bezeichnen, wenn sie auch erst später eigentliche Pfarr-Rechte erhielten, die Redwitz einst zur Mutterkirche hatten. Diese waren: Thiersheim, Wunsiedel, Röslau, Höchstädt, Bernstein, Schönbrunn.

Was die Kirche in Arzberg betrifft, so finden sich

---

*) Monum. boica. Bd. XXIV. „usque ad viam, quae procedit de Egire".

keine Anzeichen, daß sie zu Redwitz, vielmehr solche, daß sie zu Eger in kirchlicher Beziehung gestanden war. Nach der oben genannten Urkunde von 1263 schenkte König Conradin die Sct. Niklaskirche in Eger dem teutschen Orden daselbst; in den Händen dieses Ordens findet sich aber auch urkundlich (1268) die Kirche Arzberg. Zum erstenmale wird sie da genannt. Der Abt Johannes nämlich von Waldsassen vertauschte seine Zehnten zu Schletten und Stabel in der Parochie Eger*) gegen die Zehnten zu Vochenvelle und Püchelberg, die dem Orden gehörten, an diesen. Dieser letztere behielt sich jedoch vor alles Recht der Kirche in Arzberg, wo die Leute in Vockenfeld ꝛc. die Sacramente suchen mußten. Man wird also zu dem Schluß berechtigt sein: Arzberg war eine Filialkirche zur Sct. Niklaskirche in Eger, und mittelst dieser ist auch jene an den deutschen Orden gekommen. Die Pfarrei in Arzberg wurde noch später von ihm verliehen. Es wird zwar berichtet: Arzberg sei ein Liebensteiner Lehen gewesen, aber was denn? Schloß, Markt oder Pfarrei? Im Jahre 1307 wird ein „Wilhelm, Pfarrer zu Arzberg" genannt. Die Pfarrei blieb in den Händen des Ordens bis in die Zeit der Reformation.

Mag nun Arzberg im Mittelalter sich in die heutige Oberpfalz erstreckt, mag diesseits Stemmas, Hohenberg und auch Schirnding dazu gehört haben; älter war Redwitz als Mutterkirche, größer die Zahl ihrer Kapellen und Nebenkirchen; weiter erstreckte sich ihr Sprengel. Es gehörten also zu diesem:

1. Thiersheim (eigentlich Titersheim am Titersbache) erscheint schon urkundlich 1182**). Schriftliche Spuren weisen es in kirchlicher Beziehung nach Redwitz. Der in älterer Zeit so genannte „Sillhof bei Thiersheim" soll nach Redwitz, wohl zur Pfarrei daselbst gehört haben***). Vom Pfarrer

---

*) Bayerische Regesten.
**) Reichenbacher Kloster=Urkunden.
***) Thiersheimer Richteramts=Registratur „Pfarrei Redwitz von der Reformation an". Manuskript in der lateinischen Schulbibliothek in Wunsiedel.

Stabelmann wird Thiersheim in kirchlicher Hinsicht gleichfalls nach Redwitz gewiesen*). Pfarrer Wötzel zu Thiersheim berichtete unter dem 21. September 1798 an die Superintendentur in Wunsiedel, da nach höherem Befehl das Pfarreinkommen nachgewiesen werden sollte: „Die Pfarr zu Thiersheim war ehedem ein Bauerngut. Die dortmaligen Einwohner besaßen 9 solche Höfe und den 9. stifteten sie (!) mit dem Wohnhaus und den dazu gehörigen Gütern zu einer Pfarr! (großmüthig!) „Den landesherrlichen Zehnten, der auf diesem Hofe lag, theilten sie unter die noch übrigen 8 Höfe (!), damit der Landesherr am Zehnten keinen Abgang haben möchte" (noch großmüthiger!). Die Landesherrschaft wird doch wohl dafür erkenntlich gewesen sein? Ja! sie gab dem Pfarrer Holz dafür! (nach Superintendent Wunderlichs Bericht). Schriftliche Beweise darüber sind aber in dem Brande von 1630, der Kirche und Pfarrei traf, mit verloren gegangen. Aus dieser verunstalteten Sage scheint mir das der Wahrheit nahe zu kommen, daß aus einem Hofe (Sillhof oder sonst) allerdings ein Pfarrhof gemacht wurde, aber nicht von den Besitzern der andern Höfe, sondern von dem, dem jener Hof oder die Höfe in Thiersheim gehörten; sei es die Pfarrei Redwitz, oder ein adeliger Besitzer oder schon der Burggraf in Nürnberg gewesen. Ueber die Zeit, wann Thiersheim eine eigene Pfarrei wurde, hat sich dem Verfasser keine geschichtliche Spur dargeboten. Wahrscheinlich vor 1329, da es, wie aus der weiteren Darstellung zu schließen ist, von Kloster Waldsässischen Einflüssen (wie Schönbrunn) frei geblieben ist.

2. Wunsiedel, 3. Oberröslau waren Pfarr=Redwitzische Filiale; darüber liegt schriftlicher Nachweis vor. Ulrich von Reicholfs= (Reicholds=) grün und seine Gattin Gisele stiften die Wüstung Putzenreuth an das Kloster Waldsassen und bedingen sich dafür ihr Begräbniß daselbst aus.

---

*) Archiv für Oberfranken, V., 3, S. 118.

„Der Dekan von Rabowitz muß jedoch seine Einwilligung dazu geben"*). Warum dieser, wenn Reicholdsgrün über Röslau hinauf (jetzt in der Pfarrei Kirchenlamitz) einst nicht zur Pfarrei Redwitz gehört hätte? Wenn dieser Beweis etwa als schwach gelten mag, soll er alsbald von einem andern unterstützt werden. Der Dekan der Regensburger Diöcese und Unterkollekteur der päpstlichen Kammer, **Johann Sumpringer**, beurkundet Regensburg am Tage S. Tiburtii 1422: Johannes Venkel (richtiger Wendel, wie er später vorkommt), Cistercienser Mönch zu Waldsassen und Pfarrherr der Kirche S. Bartholomäi zu Redwitz, hätte ihm klagend vorgetragen: „Die Kirche in Redwitz hätte einst als Mutterkirche die Kirchen zu **Wunsiedel und Röslein als Filiale** besessen; diese wären nun von ihr getrennt und besondere (selbstständige) Kirchen, dann auch Pfarreien geworden. Wendel meint nämlich, durch diese Abtrennung wäre ihm auch viel entgangen; jetzt aber flösse ein Theil dieser Einkünfte sogar nach Rom in die päpstliche Kammer, denn der Dekan quittirt den Wendel über 12 fl. ungarischer Währung für dieselbe Kammer. Wenn nun Wunsiedel und Röslau Filiale von Redwitz waren in alter Zeit, so auch:

4. **Höchstädt** und 5. **Bernstein**; jene wurden bald, besonders Wunsiedel, lang vor 1422, wie die dasige Pfarrgeschichte zeigt, eigene Pfarreien; diese aber, Höchstädt und Bernstein blieben noch längere Zeit Filiale, nur mit dem Unterschiede, daß sie aus dem Redwitz'schen Pfarrverbande in das Patronat des Klosters Waldsassen übergingen. Sie wurden von Caplänen versehen, die dort wohnten. Diese Kirchen nun, Wunsiedel, Röslau, Höchstädt und Bernstein, kommen in einem späteren päpstlichen Dekrete von 1476, Redwitz voran, mit einander vor, zum Beweis, daß sie zusammengehörten, und in dieser Zusammengehörigkeit von Redwitz

---

*) Bayerische Regesten.

an Waldsassen übergingen. (Thiersheim und — Schönbrunn, obwohl sonst auch in den Redwitzer kirchlichen Verband gehörig, kommen in diesem päpstlichen Dekrete nicht vor, da sie nicht an das Kloster übergegangen waren und zu dessen Patronate nicht gehörten [1476].)

III.

Das Patronat und Verleihungsrecht der Kirche und Pfarrei Redwitz geht an das Kloster Waldsassen über, 1329.

Hiermit beginnt eine neue Periode für den Kreis erstgenannter Pfarreien.

Das ganze Egerland bis an den Ursprung der Eger gehörte, wie schon angedeutet wurde, von den Zeiten der Hohenstaufen an dem teutschen Kaiser (und dem Reiche). Sie hatten die Oberlehensherrlichkeit. Da kam es öfter vor, daß sie aus Geldmangel Burgen, Besitzungen, Rechte und Lehen verpfändeten auf gewisse Zeit, besonders an die Ritter, die ihnen Kriegsdienste dafür geleistet hatten, um wenigstens mit dem Pfandschilling dergleichen Schuld bezahlen zu können. Der Kaiser Albrecht — hörten wir oben — hat dem Taut von Schönbrunn für 70 *ll.* Heller verdienten Soldes 1304 Redwitz zum Pfande gesetzt. Doch im Jahre 1329 finden wir das „Städtlein" Redwitz bei Eger wieder im Besitz des Kaisers Ludwig des Bayern. Der Taut von Schönbrunn war also unterdessen befriedigt worden. Diesem Kaiser hatte aber auch das Stift Waldsassen schon vor genanntem Jahre Geld vorgeliehen, und dieser dafür „Redwitz" wieder zum Pfande eingesetzt mit allen Besitzungen und Rechten, namentlich wird die „Kirche daselbst" genannt, nämlich das Verleihungs-Recht, Pfarrlehen. Das Stift aber, damit nicht zufrieden, wünschte den vollen Besitz, wie es schon früher (1268) nach der Pfarrei und Kirche in Arzberg, aber vergeblich gestrebt hatte. Abt und Convent gingen nun „mit sehr bemüthigen Bitten den Kaiser um den vollen Besitz an, dieser erfüllte ihre Bitte im obengenannten Jahre „zur Erhöhung und Verherrlichung des göttlichen Dienstes und zum Heile seiner und seiner Vorfahren Seelen"*). Das Kloster besetzte nun nicht blos die Pfarrei Redwitz, sondern besaß sie auch als Eigenthum. **Damit waren natürlich auch die der Mutterkirche Redwitz zugehörigen Filiale an das Stift gewiesen.** Dieses hatte und übte nun die Patronats-Herrschaft über die Gruppe der vorgenannten Kirchen und Kirchlein, und wußte es zu benutzen. Das zeigte sich bald; dasselbe setzte nun nach Gefallen auf seine Pfarreien Geistliche, die sich mit einem Theil der Einkünfte begnügen mußten; der andere vielleicht größere Theil floß ins Kloster, das der päpstlichen Kammer auch etwas davon reichen mußte; es war noch als eine Gnade anzusehen, wenn es einen Welt- und nicht einen Klostergeistlichen oder Mönch setzte, und ihm keine starke Abgabe auflegte. Dies geschah damals bei einem großen Theil der Klöster. Dieses an sich Ziehen der Pfarreien nannten sie „Incorporation", Einverleibung, und die Abgabe „Incorporations-Geld" oder „Zins". Solche Geistliche nun waren bloße Vicarier, obschon der Name Pfarrer auch von ihnen gebraucht wurde; sie waren wie gemiethet; wer am meisten abzugeben versprach, nämlich an das Kloster, der bekam die Pfarrei. Die ganze Gruppe: Redwitz, Wunsiedel, Röslau, Höchstädt, Bernstein, war dem Stifte Waldsassen incorporirt. Z.B.: „Ich Magister Erasmus, der heiligen Theologie Professor und Vicarius der Pfarrkirchen in Wunsiedel bekenne, daß ich schuldig worden bin und gelten (zahlen) soll dem ehrwürdigen geistlichen Herrn Abt Niclas und dem Convent in Waldsassen, meinem gnädigen Lehensherrn, das Jahr zu geben 30 rhn. Gulden — als Zins von der genannten Kirchen; ge-

---

*) Urkunde, gegeben Frankfurt 24. Juli v. Js. Reichs-Archiv.

geben zu Nürnberg 1429*). Aus eigener Macht konnte freilich das Stift Waldsassen solche Abgaben nicht einführen; es wendete sich unmittelbar an den päpstlichen Stuhl, der den Klöstern damals sehr günstig war, um so mehr, da die päpstliche Kammer, die immer viel Geld brauchte, dabei nicht leer ausging, wie wir gesehen haben. Laut Decrets des Papstes Bonifacius IX. vom 26. Juli 1396 wurde die Kirche und Pfarrei Redwitz sammt Neunkirchen und s. w. dem Kloster Waldsassen einverleibt. Das Kloster war eigentlich der Pfarrer. Den 18. August 1409 quittirte Ulrich Crusinarius (aus Creußen), Domherr der alten Kapelle zu Regensburg, päpstlicher Subcollekteur, das Stift Waldsassen über 18 ungarische Goldgulden für Incorporation der Pfarreien Redwitz, Neunkirchen (an der sächsisch-böhmischen Grenze), mögen nach jetzigem Geldwerthe etwa 200 fl. betragen; war nun Redwitz incorporirt, so konnten die andern früher dazu gehörigen Kirchen Wunsiebel, mit seinem gnädigen Herrn, dem Abt Johann um aller „Stöße" wegen der Incorporation der Kirche daselbst durch den ehrenvesten Hans v. Kotzau, Amtmann in Hohenberg gänzlich vertragen zu sein. Dieser Abt Johann war der obengenannte Johann Wendel, der von der Pfarrei Redwitz aus 1433 zur Abtswürde in Waldsassen erhoben wurde. Ferner verpflichtet sich Schönstetter, jährlich auf Michaelis 24 fl. rhn. an das Stift zu zahlen von der Frühmesse und St. Catharina-Messe in Wunsiebel, widrigenfalls dasselbe seinen, nämlich des Pfarrers Zehnten über Wunsiebel in Anspruch nehmen könne. Paul Prantner erhielt vom Abt Nikolaus 16. Dezbr. 1466 die Parochialkirche, b. h. die „vicaria perpetua" (dauernde Verwesung), !ein Beweis, daß er nicht selbstständiger Pfarrer war, und erklärte sich bereit, 24 fl. zu zahlen. So bereitwillig war Christoph von Rabenstein, ebenfalls Pfarrer, in Wunsiebel, nicht; darum wurde er mit einigen andern Pfarrern, die sich des Incorporations-Zinses wei-

---

*) Waldsassen, Copialbuch.

gerten, also die Einverleibung mit dem Kloster nicht anerken=
nen wollten, durch Jacobus Achatius, beider Rechte Doctor
und Caplan des Papstes Alexander, an den römischen Hof
citirt. Um diese Maasregel mit der Pfarreien=Einverleibung
aufrecht zu erhalten, und die Widersprüche zu dämpfen, wur=
den die höchsten weltlichen und geistlichen Mächte angerufen.
Den 15. März 1434 bestätigte der Papst Eugen, am 20.
desselben Monats die Generalsynode zu Basel und am 8.
September gleichen Jahres der Kaiser dem Stifte Waldsassen
das Eigenthumsrecht an die Kirche in Redwitz (und de=
ren früheren Filiale). Endlich noch 1476 versichert mittelst
Dekrets Papst Sixtus IV., daß Papst Bonifazius IX. in
verschiedenen Dekreten dem Stifte Waldsassen die Paro=
chialkirchen zu Redwitz, Wunsiedel, Rößlein,
Höchstädt und Bernstein bereits (1396 ꝛc.) incorporirt
habe. Höchstädt und Bernstein erscheinen nun auch 1476
als eigene, wenn auch nur Klosterpfarreien, was sie 1433
nach der Regensburger Matrikel von Ried noch nicht waren.

Aus Dem läßt sich erklären, warum Sigmund Wann
bei seiner Hospitalstiftung in Wunsiedel um 1450 den Ma=
gistrat allein und nicht den Pfarrer ꝛc. daselbst zum Verwal=
ter seines Gestifts testamentarisch berufen habe; ihm war
gewiß auch diese Einverleibung, besonders der Pfarrei Wun=
siedel ein Stein des Anstoßes; der Pfarrer daselbst war zu
sehr vom Kloster abhängig und dessen Incorporations=Gelüsten.

Noch einige Beispiele der Art, und zwar der Pfarrei
Röslau! „Er (Herr) Hans Peschel, Pfarrer daselbst, be=
kennt am St. Lucientage 1413, daß ihm Abt Conrad von
Waldsassen die Vikarie Röslein gegen 10 ungarische Gold=
gulden Michaelis=Zins geliehen habe." „Am Sonntage In=
vocavit 1454 vertragen sich Hans Pogrucker, Vogt zu Ober=
röslau, Heinz Schmidt zu Unter=Röslau und Peter Laymer
zu Rauschensteig von ihres Pfarrers Conrad Schneider wegen
mit Abt Johann (Wendel) um die versessenen Incorpora=
tions=Zinsen von jährlich 8 fl. ꝛc." Mit dem Eintritte der

Reformation löst sich dieses drückende Band; die einverleibten Pfarreien werden selbstständige Körper. Da jetzt einigermaßen Bahn gemacht ist, können wir dem älteren kirchlichen Verhältnisse von Schönbrunn näher treten. Wir schicken voraus

IV.
Die St. Conrads-Kapelle bei Fahrenbach
½ St. südwestlich von Schönbrunn.

Diese Kapelle steht freilich schon längst nicht mehr, aber einige geschichtliche Nachrichten davon stehen noch aufrecht. In dem Testamente des Wunsiedler Bürgers Hans Wagner vom 20 April 1512 waren zween Gulden zu S. Conrad vermacht zu einem Meßgewandt." Brusch, Geschichts- und Erbbeschreiber aus Eger, der unter andern auch den Conradsberg, von der Kapelle so genannt, besuchte, sagt in seinem Buche, betitelt: der Fichtelberg, 1542, pag. 4: „Sct. Conradsberg bei Wohnsiedel; auf diesem Berge steht heutiges Tages noch ein fast (sehr) altes, baufälliges Kirchlein, S. Conrad genannt, bei welchem stehet ein über die Maaßen schöner, köstlicher und wasserreicher Brunn, ist viel Lobes werth." Dr. Ewald berichtet: „Im Jahre 1776 wollte der damalige Besitzer des Schlosses einen Schatz graben. Kaum hatten die Arbeiter einige Fuß tief eingegraben, so entdeckten sie schon den Grund der Kapelle, und fanden da ein von Eisen gegossenes Bild, ohngefähr 1 Schuh lang, mit 12 Silbermünzen, die größten von diesen Münzen waren kaum so groß als ein Vierundzwanziger. Münzen sowohl als Bildniß erhielt Regierungsrath Spieß von Bayreuth, von dem sie in das Plassenburgische Archiv hinterlegt wurden. Im vorigen (?) Jahren wurden dem Brunnen (der weiter abwärts hervorquillt) von

---
*) in seinem Büchlein: erste Confirmation ꝛc.

dem gemeinen Manne Wunderkraft zugeschrieben. Nahe bei demselben stand ein wilder Birnbaum, zu welchem heimliche Wallfahrten gethan wurden. Es waren in denselben nicht nur unzählige Namen eingeschnitten, sondern auch der ganze Stamm sowohl als beinahe alle Aeste von der Wurzel bis an dem Gipfel waren verbohrt und verpflockt. Dem Aberglauben Einhalt zu thun, ließ der Besitzer diesen Wunderbaum umhauen." Heldenthat, die so schnell mit dem Aberglauben fertig wird! Wirklich haben seitdem die Wunder dort aufgehört. Zum Glück ist noch die Quelle übrig! Ihr Wasser klar, frisch — und gesund; für heilbringend gehalten im Alterthume, und deßhalb von den heidnischen (slavischen) Bewohnern der Umgegend zu gewissen Zeiten des Jahres aufgesucht; an dergleichen Quellen im Dunkel des Waldes und Gebirges pflegten sie ihres Gottesdienstes; das waren ihre Sammel-Orte, besonders wohl zu der Zeit, als die Slaven mit den bereits christlichen Deutschen in Kampf geriethen und zu weichen gezwungen wurden; da beriethen und ermunterten sie sich gemeinschaftlich; die Kranken und Preßhaften, die gehen konnten, kamen auch mit zum heilenden und heiligen Brunnen. Und als das Licht der christlichen Religion herein schien von Morgen her in das Rößlauthal bis an den Fuß des Fichtelgebirges, da wurde wohl weise von der nächsten Missions- und Mutterkirche Redwitz aus eine Kapelle hingepflanzt als Missionspunkt in dieses Gebirgs- und Waldwinkel und dem Schutze etwa der nächsten Burgherrn und christlichen Ritter (denen von Schönbrunn?) anvertraut. Was wäre denn auch für ein hinreichender Grund gewesen, ein Gotteshäuslein so verloren da hinzustellen? Weil die Bewohner, obgleich getauft, sobald nicht von ihren Brunnen, Bäumen und Sammel-Orten ließen, so wurde die Kapelle ein Wallfahrtskirchlein. Es ist irrig, zu meinen, dergleichen Kapellen und Kirchlein hätten erst die Wallfahrten zu ihnen geweckt; umgekehrt, weil schon früher da Versammlungsorte waren, so hat man erst jene hingebaut. Der gleiche Fall wird auch bei der Catharinen-Kapelle bei Wunsiebel gewesen sein, denn diese war auch alten Nachrichten zu Folge ein Wallfahrtsort. Solche alte Wallfahrts-Kapellen waren Veranlassung zu späteren Pfarrkirchen, die in der Nähe sich erhuben an Orten, die immer bewohnter wurden. Während diese zunahmen, verfielen jene, andere Kapellen sind freilich später entstanden, z. B. die St. Anna-Kapelle, in Wunsiebel unmittelbar vor der Reformation; das war aber eine Privatstiftung, eine bloße Meßkapelle unmittelbar an der Pfarrkirche. Wenn schon Brusch, wie oben erwähnt, 1542 das Kirchlein auf dem Konradsberge „fast", das heißt sehr verfallen nennt, so kann man nicht ohne Grund seine Entstehung in die Zeit von 1100—1200 setzen. Man muß ferner bedenken, daß das heidnische Slaventhum in diesem nordgauischen Landstriche wenigstens um 100 Jahre später gedämpft wurde, als das jenseits des Fichtelgebirges im alten Frankenlande zwischen dem Maine und der Regnitz.

In der Geschichte des Bayreuther Landes werden mehrere Kapellen genannt, in der Nähe von Quellen und Brunnen, deren Wasser für heilsam geachtet und zu denen schon in alter Zeit Wallfahrten gemacht wurden, z. B. die Rupprechts-Kapelle bei Obernsees u. s. w. Aus den heilenden wurden nun heilige Brunnen. (Arch. f. Oberfranken, Band II., 2. Heft.

Dieses Wallen zu den heilsamen, nachher heiligen Quellen hat seinen natürlichen Grund. In mittelalterlicher Zeit waren Aerzte und Apotheken etwas Seltenes. Apotheken entstanden erst am Ende des 16. Jahrhunderts[*]. (Dr. Johann Georg Schmidt, Physikus in Wunsiedel, erwähnt 1785[**] eines Protokolls (wahrscheinlich auf dem Rathhause) vom 16. August 1615, worin es heißt: „uff der Hauptmannschaft allhie begehren und gutachten, bei gemeiner Stadt

---

[*] Holle, alte Geschichte von Bayreuth.
[**] Manuscript.

einen Doctor medicinae zu halten und dem Apotheker eine Abbition zu thun, haben sich die Zehnder (Zehner, 10 Stadt= verordnete), als ihnen solches fürgehalten, sämmtlich vor Einem Rath dahin erkärt, daß sie mit einem Doktor nichts wollten zu thun und zu schaffen haben, viel weniger dem Apotheker etwas steuern, denn viel der Bürgerschaft die vor= jährige Steuer noch schuldig, könnten solche um der Noth und Armuth willen nit zusammenbringen, da aber ein Rath einen wollt bestellen und uffnehmen, sollten sie ihn auf ihre costen allein unterhalten, wären in der nähe, alß zu Eger, Hof, Culmbach Doctores vorhanden u. s. w. Sollten hin= gegen darauf bedacht sein, Schmalz zu bekhommen, weil aller Orten das Vieh krank 2c.")

V.
Die alte Pfarrkirche und Pfarrei Schönbrunn.

Eine alte Pfarrei Schönbrunn? War es nicht von jeher ein Filial von Wunsiedel? Wohl sehr lange, aber nicht von jeher. Man wird fragen nach alten Stiftungsbriefen auf Pergament, mit Siegel und Unterschrift! Welche alte Pfarrei kann sie aufweisen? Nur was in Klöster gestiftet, ward ver= brieft. In Ermangelung dessen muß man den noch vorhan= benen geschichtlichen Spuren nachgehen. Sind dergleichen von einer früheren Pfarrei Schönbrunn zu finden? Einige, wir wollen sie aufsuchen!

1) Auf der Anhöhe, der Schönbrunner Berg genannt, nicht weit von der Burg oder den Burgruinen, steht die Kirche St. Peter für das Kirchspiel Schönbrunn. Diese Kirche ist alt, aber durch die verschiedenen Um= baue im Laufe der Zeit hat sie ihre frühere Symme= trie und ihr Ebenmaaß verloren. Die ursprüngliche Kirche war etwa also beschaffen: das Chörlein, das ist der Raum, in dem der Altar steht, ist ein Ueberbleib= sel aus der ältesten Zeit dieses Gebäudes (um 1200

— wie mir ein im Kirchenbaustyle kundiger Professor versicherte); die sich daran schließende südliche Mauer des Schiffes der Kirche nebst den beiden Fenstern mit ihren Hohlkehlen, dazwischen die Hauptthür, deuten auf die Zeit ohngefähr 1300 u. s. w.; wie die südliche, war auch die nördliche Seite beschaffen; aber um die Jahre 1616—1620 ward auf dieser nördlichen Seite ein Erweiterungsbau aufgeführt und besonders dadurch das Ebenmaaß zerstört; um die Zeit von 1750 (meines Wissens) wurde ferner diese Kirche nach Abend verlängert.

Daraus kann freilich nur zunächst geschlossen werden, daß Schönbrunn schon lange vor der Reformation und auch vor dem Hussitenkrieg 1430 gegen die Behauptung des alten Wunsiedler Rektors Pertsch, mit einer Kirche versehen war; aber ein Pfarrkirchlein?

2) Wenn die Kirche in Schönbrunn eine Pfarrkirche gewesen wäre, so müßte eine dazu gehörige Stiftung, ein Pfarrgut, ein Pfarrhof, ja ein Pfarrer dagewesen sein! Sind noch Spuren da? Sie fehlen nicht ganz; aber es ist freilich schon lange, darum müssen sie gesucht werden. Diejenigen Bauernhöfe links an der Straße nach Leupoldsdorf, südlich der Kirche, unmittelbar gegenüber, Hs.-Nr. 18 und 19, nicht weit vom Burgplatze, werden von der Einwohnerschaft als Pfarrhof bezeichnet. Diese waren sonst Ein Hof; derselbe wird aber auch als Pferdehof aufgeführt; nach dem dortigen Dialekt lautet nämlich Pferd gleich Pfar; man kann daher sagen: das war also kein Pfarrhof, sondern ein Pferdehof, d. h. ein ganzer Hof, der sonst mit einem reißigen (oder Kriegs-) Pferd auf Gebot dem Edel- oder Lehensherrn dienen mußte, wie das Burggut in Tröstau; das hindert aber nicht, anzunehmen, daß dieser Pferdehof nicht von dem Lehensherrn, sei er gewesen wer er wolle, bei Errichtung

der Pfarrei, zum Pfarrhof gemacht wurde; dem Rittergutsherrn gehörten nebst allen Lehenrechten auch alle Höfe. Es können auch die Güter dieses Hofes, von denen heutiges Tages noch mehrere an der Kirche liegen, da ja ein Acker dieses Hofes im 17. Jahrhundert zum hintern Kirchhof erworben wurde, zum Pfarrhofe geschlagen gewesen sein, urkundlich bewiesen kann es jetzt freilich nicht werden. Als das Schloß Schönbrunn mit allem Zugehörigen vom Burggrafen in Besitz genommen und die Pfarrei Schönbrunn Wunsiedel einverleibt wurde: so kehrte wohl auch der Pfarrhof wieder in den Stand zurück, in dem er früher war, oder der Burggraf vererbte ihn an Andere zum Besten der burggräfl. Kammer. Aus einem solchen Bauernhofe wurde ja auch in Thiersheim, wie wir oben gehört haben, der Pfarrhof gebildet.

Daß der vorgenannte Bauernhof in Schönbrunn der Pfarrhof war, schließen wir aber mit Recht daraus, daß auf diesem Hofe gewisse kirchliche und pfarrliche Servituten liegen geblieben sind bis auf den heutigen Tag; nämlich: dieser Hof oder diese getheilten Höfe haben ein bestimmtes Geldfixum für den früheren Klein= oder Schmalsaatzehnten an das Cantorat in Schönbrunn jährlich zu entrichten. Warum, fragt man hier, gerade diese beiden Höfe und die andern nicht? Das hat seinen Grund in alterthümlich kirchlichen Verhältnissen. Der vormalige Superintendent Lapritz in Wunsiedel berichtete in einem amtlichen Schreiben an den damaligen Amtskastner Joh. Heinr. Schreiber daselbst am 21. März 1726, der über den obigen Hof in Schönbrunn und seine Abgaben um Aufschluß bat, weil es immer schon einige Anstände gegeben hatte, also: 1) genannter Hof wäre dem Schulmeister mit dem kleinen Zehnt zu einem Besoldungsstück vor uralten Zeiten zugeschlagen worden und

4*

werde ihm, bem Superintenbenten, jährlich der Flachs auf sein Drittel von der Gemeinbe abgezogen, so habe er auch von bem Schulmeister bes Orts, Otto Linken, bie Nachricht eingezogen, es soll, der alten Leute Aussage nach, ehemals auch ber Getreide-Zehent von solchem Hofe der Schule (nämlich der Meßnerstelle) zugestanden sein, welcher aber hernach auf entstanbene Klage hochfürstlicher Landesherrschaft, Ihnen (der Herrschaft) unb dem Superintenbenten wieder zugeeignet wurde. (Aeltere Pfarrregistratur). Wie mag doch wohl bie Meßnerei zu einem Zehentrecht auf diesem Hofe gelangt sein? Das ist ein zurückgebliebenes Stück eines alten Pfarrrechtes! Der Zehnten gehörte zu ben Pfarr-Wibthums- oder Pfarrstifts-Gütern. Der Grünber einer Pfarrei mußte dieselbe bewidmen, mit Gütern oder Zehnten u. s. w. ausstatten, bamit ein Pfarrer erhalten werden konnte, auch der Caplan unb der Meßner, wenn er einen hatte. Der Stifter einer Pfarrei, klein oder groß, war bann auch zugleich der Lehensherr oder ihr Patron. Holz gehörte, namentlich in jener walbreichen Gegend, zu dem Pfarrstiftungs-Gute. Diese Art der Ausstattung wird der v. Hertenberg, oder welcher reiche Gutsbesitzer es auch gewesen sei, nicht vergessen haben.

Daß die alte Pfarrkirche Schönbrunn mit einem tüchtigen Stück Wald versehen war von ihrem abeligen Stifter, ließ sich benken, denn der ganze Wald an bem rechten Röslau-Ufer unb ben Abhängen hinauf gehörte bemselben. Es ist aber, könnte man sagen, kein Waldbezirk mehr vorhanden, der jetzt Pfarrholz, Pfarrwald oder sonst, wie an andern Orten, hieße. Das freilich nicht; es ist aber auch schon lange, daß bie alte Pfarrei wieder aufgehoben wurde, so baß bergleichen Benennungen nicht recht im Volke sich befestigen konnten. Aber ein Waldbezirk ist nicht weit von Schönbrunn, am nordöstlichen Abhange der Kösseine, vorhanden, der heißt heute noch Schulholz, Kantor=Schlag. Das deutet auf eine Zeit zurück, wo das Besoldungs= holz für den Kirchen= und Schuldiener noch nicht in bestimmten Klaftern zugemessen wurde, sondern wo dieser in einem gewissen Waldbezirke sich beholzen durfte Es läßt sich aber leicht denken, daß für den Meßner und Kantor allein derartige Beholzung bei der Grün= dung der Pfarrei nicht bestand, derselbe bezog viel= mehr seinen Holzbedarf mit dem Pfarrer aus dem dazu bestimmten und gestifteten Waldbistrikte, oder besser: er bekam seine Beholzung (wie seine Kost) aus dem Pfarrhofe oder Pfarrstifts=Gute; weil aber die alte Pfarrei keinen bleibenden Bestand hatte, so konn= ten auch Namen, wie Pfarrholz, u. s. w. 2c. für die Dauer keinen Bestand gewinnen; vielmehr gingen dergleichen feststehende Benennungen auf die Meßnerstelle über. Denn diese Stelle blieb. Aber ohne eine frü= here Pfarrei hätte sie keinen geschichtlichen Boden und Halt. Daß der Holzbezug der Kirchner= und Meß= nerstelle mit dem der Stadtpfarrei Wunsiedel aus Einer Quelle fließt, geht daraus hervor, daß eine wie die andere, jede jährlich einen Schleißbaum aus der Staats= waldung unter einem Rechtstitel bezieht. Die alten Schulakten in Schönbrunn berichten auch, daß die Meß= ner= und Schulstelle in älterer Zeit 12 Klafter Holz aus der Staatswaldung bezogen habe. Deuten diese membra disjecta (zerstreute Gliedmassen) nicht auf einen sonst lebendig gewesenen Leib hin?

3) Daß die Pfarrei Wunsiedel den dritten Theil des Zehnten aus den Schönbrunner Kirchdörfern bezog, ist so bekannt, daß es nur angedeutet zu werden braucht. Dieses Zehentrecht schließt ein altes vormaliges Pfarr= recht, Pfarrlehen in sich.

4) Diesem mögen sich noch anschließen einige **schriftliche Nachrichten**, aufbewahrt im Rathhaus-Archiv zu Wunsiedel, und zum Theil auch schon früher abgedruckt. Sie sollen aber hier noch zusammengestellt und wo nöthig etwas erläutert werden, damit sie besser beweisende Kraft behaupten.

   a) In einem amtlichen Berichte, gefertigt vom Hauptmann Jörg von Redwitz, Kastner Steinhäußer und dem Bürgermeister zu Wunsiedel im Jahre 1528 an den Markgrafen **Georg** oder den Hauptmann auf dem Gebirg (zu Plassenburg), den damaligen kirchlichen Zustand in Wunsiedel betreffend heißt es unter anderm: „Der Pfarrherr hie zu Wunsiedel, Herr Adrian v. **Rabenstein**, hat mit Hülf seiner Oheim, der v. Schirnding, die Pfarr Wunsiedel) von dem Abt von Waldsassen zu Lehen, hat dazu **Schönbrunn**, ob der Stadt, ein klein **Pfarrlein**, darauf er einen Kaplan muß halten! Im weitern Verlauf dieses Berichts wird erwähnt: der Pfarrer hat einen großen Bau mit den Zehnten beeder Pfarren (Wunsiedel und Schönbrunn).

   b) Die Pfarrei Wunsiedel war von 1547 bis 1568 unbesetzt, hatte nämlich keinen eigentlichen Pfarrer. Die Einkünfte, namentlich der Zehnten beiber Pfarreien wurden verrechnet und unter die übrigen Geistlichen (ein Prediger und 3 Capläne) vertheilt; der Hauptmann auf dem Gebirge, Herr v. **Schaumberg**, gab dem Rathe zu Wunsiedel zu verstehen, man solle die 3. Caplanstelle aufheben, und deren Gehalt auch noch vertheilen. Der Rath jedoch erwiderte: es wären dann zu wenig Geistliche für die Besorgung des Gottesdienstes in der Stadt und bei der Pfarr Schönbrunn.

   c) Aus dem Jahre 1550, Dienstag nach Lätare, liegt eine weitere Nachricht vor, namentlich über das

alte kirchliche Verhältniß zu Schönbrunn, des In=
halts: „Zum andern die Pfarrkirchen zu Schönbrun
langend ist deswegen kein Schriftliche Urkund zu
befinden geweßt, haben uns aber bei den alten so=
viel erkundigt, das sie von iren eltern und urettern
je und alwegen gehört, das die Pfar Schonbrun
eeben (ehebem) die zu Wunsiedel, und ein Pfar fur sich
selbst geweßt, auch einen eigen Pfarher gehalten,
als aber bi Stadt Wunsiedel (derweilen erstlich nichts
den das Schlos und Ampthaus und dann ein Schmie=
den und eine Schenke geweßt) volgents in ursprung
komen und von Jaer zu Jaer empor, auch ein Pfar=
kirchen aufgericht worden, da sei Pfarher zu Schon=
brun abgeschafft und dieselb Pfarkirchen zu d Pfar
Wunsiedel geschlagen, in solcher gestalt, das ein
Pfarher zu Wunsiedel einen eigen Caplan mit
und Wohnung, wenn sich jene vergleichen konen da=
rauf halten, der alle sontage und Feiertage gen
Schonbrun reißen, und die Kirch daselbsten mit
predigen   Seegen und Ceremonien versorgen
mußten, wie es dan noch bis auff den heutigen tag
also gehalten und ausgericht, dagegen den Pfarhern
zu Wunsiedel Jerlichen den Zehend nemlich den Drit=
tail aus zwölf Dörfern die zu derselben Pfar Schon=
brun geschlagen und von alters darzu gehöret und
noch dahin gepfart, geben und gereicht wurden ꝛc.
— Dienstag nach Lätare 1550.

Diese Nachricht bedarf einer kurzen Beleuchtung.
Sie ist der Form nach ein Stück oder das Ende
eines Berichtes, herrührend von einer Behörde in
Wunsiedel, entweder an den Landesherrn oder den
Hauptmann auf dem Gebirge, in gleicher Sache
wie bei a. Der Styl und die Fassung deuten auf
einen solchen Ursprung: „Wir haben uns bei den
Alten so viel erkundigt u. s. w." Die Bericherstat

ter hättten gar nicht Ursache gehabt, sich beßhalb zu bemühen, wenn ihnen nicht Bericht abgefordert worden wäre; schriftliche Nachrichten waren nicht vorhanden, so mußten die Herren, um doch genügend berichten zu können, sich an die Bürger, namentlich die alten, wenden. Und die Bürger von Wunsiedel hätten gewiß nicht der Landkirche den Vorzug der Priorität bezüglich des Pfarr=Rechtes gegeben, wenn es sich nicht also befunden hätte. Dazu haben die Berichterstatter ohne alles Bedenken diese Nachricht sich angeeignet zum Beweis ihrer vollen Einstimmung.

Also am Eingange in der Reformationszeit begegnet uns nicht blos eine Kirche, sondern eine Pfarrkirche, eine Kirche mit einer Pfarrei Schönbrunn, und obgleich da schon längst aufgelöst, so bezeugt doch noch der Name deren frühere Existenz.

Daß demnach Schönbrunn in alter Zeit einmal schon „eine Pfarr für sich selbst geweft", dieß wird sich aus dem Gebiete der Sagen als Thatsache in das der beurkundeten Geschichte mit Recht stellen können.

Es wäre noch der Untersuchung werth, unter welchem abeligen Geschlechte das wohl schon vorher bestandene Schloß=kirchlein zur Pfarrkirche resp. Burgpfarr erhoben wurde. Die bisher berührten geschichtlichen Spuren zeugen für die abelige Familie v. Hertenberg, die letzte daselbst.

Es ist bereits oben (I. Thl. S. 8) gesagt, daß Kaiser Albrecht den 10. August 1304 dem Tuto von Schönbrunn den Markt Redwitz als Pfand für 70 Pfund Heller schuldigen Soldes überlassen habe. Damit muß man sofort verbinden die andere Urkunde, Redwitz vom 12. März 1314 (f. oben Thl. I. S. 9); sie ist lateinisch und etwa folgenden Inhalts: Tuto von Schönbrunn hat aus Demuth und vollem Vertrauen gegen den Abt Johannes und den Convent zu Waldsassen beschlossen, die Kirche zu Redwitz, von Seiten des Reiches (Kaisers Albrecht) ihm verpfändet, mit allen Einkünften demselben zu überlassen und zwar vom 12. März genannten Jahres bis zum Tage Walburgirs und von da an noch ein ganzes Jahr. Und wenn diese Zeit abgelaufen sei, wolle er diese Einkünfte wieder an sich ziehen (er hatte sie ja selber nur pfandweise), und dem Kloster dafür 7 Pfd. anderweitige Einkünfte verschreiben, mit diesen solle der Altar der 10,000 Märtyrer und 11,000 Jungfrauen im Paradiese — eine Begräbnißkapelle im Kloster, wo er einst begraben zu werden wünschte — mit Buch und Kelch 2c. versehen werden. Taut war also, wenn auch auf kurze Zeit und nur pfandweise, Lehens- und Patronsherr der Kirche und zwar der Pfarrkirche in Redwitz. Wer erkennt nicht da die Brücke zu einer Pfarrkirche bei seiner Burg Schönbrunn? Es ist höchst wahrscheinlich, daß mit der Verleihung des Pfarrrechtes der Kaiser dem Taut seine 70 Pfund bezahlt habe.

Und wenn Tuto nach Urkunde vom 22. Juli 1314 sein Schloß Schönbrunn mit allen Zugehörungen und Lehen dem Kloster Waldsassen schenkt, so war sein Pfarrlehen auch mit darunter begriffen. Dieses Kloster strebte nach Einverleibung der Pfarreien. Die der Mutterpfarrei Redwitz folgte erst 1329.

Taut aber zerfiel bald mit dem Abte und Convent; denn er ward 1315 vom Papst mit dem Banne belegt wegen einer Sache, die er mit dem Kloster hatte. Was wird das weiter für eine Sache gewesen sein, als eine kirchliche, geistliche? Er hat wohl seine Schenkungen nicht gehalten; vielleicht das Pfarrlehen wieder zurückgenommen! Wurde ja auch später Wunsiedel (1454) mit päpstlichem Banne belegt wegen einer Stiftung.

VI.
Einverleibung der Pfarrei Schönbrunn mit der zu Wunsiedel.

Wir müssen auf die älteste Urkunde zurückgehen, worin

einer Kirche in Wunsiebel Erwähnung gethan wird, die Urkunde, gegeben zu Bayreuth Freitag nach der Himmelfahrt 1353, in welcher die Burggrafen Friedrich und Johann den Priestern (der „Pfaffheit", wie es da heißt) in der Herrschaft Wunsiebel und Weißenstadt die Erlaubniß ertheilten, ihr Vermögen an ihre Verwandten zu vererben, — denn dieß gehörte damals nach dem kanonischen Rechte der Kirche — unter der Bedingung, jährlich zweimal zusammenzukommen, das eine Mal zu Wunsiebel, das andere Mal zu Weißenstadt mit großen Kerzen, um Vigilien und Messen zu singen. Da muß in Wunsiebel schon eine Kirche bestanden haben; damit ist aber nicht gesagt, daß diese Kirche eine Pfarrkirche war (es läßt sich nur vermuthen!). Nicht alle Priester waren Pfarrer — und nicht alle Kirchen Pfarrkirchen! Es ist hier eine Urkunde voranzustellen aus dem Jahre 1383,[*)] sie ist für die kirchlichen Verhältnisse Wunsiebels (und Schönbrunns) damaliger Zeit maaßgebend und wichtig, und verdient eine Wiederholung und Erläuterung; darin heißt es: „mit Willen und Gunst unsers gnädigen Herrn, Herrn Friedrichen, Burggrafen zu Nürnberg, des ehrwürdigen und andächtigen Herrn Conrad Heydenreich, Abts zu Waldsassen, Lehenherrn der Kirchen zu Wunsiebel und des Herrn Conrad Hekel, rechten Kirchen- und Pfarrherrn zu Wunsiebel". Hier wird die Kirche zu Wunsiebel meines Wissens zum Erstenmal Pfarrkirche genannt; mit diesem Conrad Hekel fängt die Reihe der Pfarrer in Wunsiebel an; es läßt sich daraus mit Recht schießen, daß im genannten Jahr daselbst erst eine Pfarrei errichtet ward. Das Wunsiebler Kirchenwesen hatte vor diesem Jahre 1384 noch wenig Bedeutung; denn in der genannten Urkunde heißt es ferner: „wir der Bürgemeister, die Geschwornen des Rathes u. s. w. thun kund, daß wir dem allmächtigen

---

[*)] Aufsatz Pfarrer Stabelmanns, abgedruckt im Archiv für Oberfranken, V., 3., S. 84. Das Manuscript im Rathhaus-Archiv zu Wunsiebel.

Gott — dann der hochgelobten Maria. und der heiligen Jungfrauen (Cathrein) zu Ehren stiften und widmen." Die Stiftung hatte der Pfarrer aufrecht zu erhalten und die beiden Meßpriester zu St. Veit (Stadtkirche) und zu St. Catharina auf dem Berge zu unterhalten. Dieß waren die allererften Stiftungen, mit denen die Stadtkirche in Wunsiedel ausgerüstet ward, die andern Stiftungen — d. i. Meßpfründen — entstanden alle später.

Hier muß der Zeitpunkt gesucht werden, wo die alte Burgpfarrei Schönbrunn der Stadtkirche in Wunsiedel einverleibt wurde. Das Schloß Schönbrunn mit allen Zugehörungen und Lehen (also auch das Pfarrlehen) hatte der Burggraf ja wohl auch von den Hertenbergern überkommen und so war nur Ein Schritt zur Einverleibung der burggräflichen Pfarrei Schönbrunn mit der burggräflichen Stadt und der Stadtkirche Wunsiedel. Jetzt erscheint eine Pfarrei Wunsiedel als hinlänglich dotirt, mit dem Drittel des Zehnten (namentlich der Kirchdörfer Schönbrunn).

Die historische Nachricht von 1550 sagt: „die Pfarr Schönbrunn wäre eher gewesen, denn die zu Wunsiedel". Was das Ehesein von Schönbrunn überhaupt betrifft, so will ich einen älteren vaterländischen Geschichtschreiber reden lassen, den Pfarrer Scherber, (in einem Manuscript daselbst über Bischofgrün): damals (als nämlich die Kirche in Bischofgrün eingeweiht wurd) 1242, war die weltliche Herrschaft in dieser fichtelgebirgischen Gegend ganz anders beschaffen, als sie bald hernach geworden ist. Da gab es noch keine Stadt Wunsiedel, kein Weißenstadt u. s. w. Die namhaftesten und berühmtesten Orte in dieser Gebirgs- und Waldgegend waren Schönbrunn u. s. w. Dem widerspricht die Geschichte jener Zeit nicht. Wunsiedel, der Ort, bestand anfangs nur aus dem Schlosse, einer Schmiede und einer Schenke; bezeichnend für die erste Anlage des Ortes; denn hier kamen wenigstens zwei Straßen zusammen nach der berühmten Handelsstadt Eger. An kirchlichen Gebäuden war wohl das erste das Catharinen-Kirchlein auf dem Berge jenseit des Röslaufflusses. Das war anfangs weiter nichts als eine Missions- oder Taufkapelle, von Redwitz auf jeden Fall als der Mutterkirche und Pfarrei, dorthin postirt, wie die oben erwähnte Kapelle auf dem Conradsberge an der Kösseine nicht weit von Schönbrunn auch. Diese Catharinenkapelle wird für die damalige spärliche Bevölkerung gereicht haben. Die Capellen jenseit des Röslaubaches waren ungeeignet zum regelmäßigen kirchlichen Gebrauche; denn der Bach, aus dem nahen Hochgebirge kommend, überschwemmte das Thal sehr oft und leicht. Es wird also die Sage, wie sie wenigstens der Rektor Georg Pertsch in seiner Geschichte Wunsiedels anführt und als solche bezeichnet, so grundlos nicht sein; nämlich die Edelleute des Schlosses und der wenigen Häuser des ersten Wunsiebels hätten sich zur Kirche in Schönbrunn gehalten (etwa um 1200—1300); sie hatten da mehr Communikation. Darum verfielen auch die St. Conrads- und Catharinen-Kapelle, trotzdem, daß diese später restaurirt wurde.

Als 1285 der Burggraf Friedrich III. von Nürnberg vom Kaiser Rudolph II. mit dem egerischen Burglehen Hohenberg belehnt war und dieser Burggraf noch dazu das Schloß Wunsiebel in demselben Jahre erkauft hatte, so wurde Hohenberg zu einem burggräflichen, dem ersten der spätern sechs Ämter,*) eingerichtet, Wunsiebel 1321 von dem Burggrafen Friedrich VI. wegen seiner Lage und seinen durchgehenden Strassen, sowie seiner Nähe bei Eger zur burggräflichen Stadt einzurichten beschlossen, 1355 auch vom Kaiser Carl IV. mit kaiserlichem Privilegium dazu begnadigt. Jetzt war Wunsiebel, die Stadt, nach ihrer ersten Größe fertig, mit Mauern umgeben; in dieser Zeit (nämlich zwischen 1321—1355) wird auch diese Stadt ihre jetzige Stadtkirche zu St. Veit erhalten haben.

---

*) Seite 5.

Bei dem Eintritt der Reformation in Wunsiedel und Umgegend wurden die damaligen weltlichen und geistlichen Behörden im Jahre 1528 vom Markgrafen **Georg**, der damals das Bayreuther Fürstenthum im Namen seines Neffen **Albrecht** (später Alcibiades genannt) aufgefordert, über den kirchlichen Zustand Bericht zu erstatten (s. oben S. 54), was für Geistliche da wären, welche Pfründen, woher diese zu Lehen rührten oder wer sie zu verleihen hätte u. s. w. Ihren Bericht fangen sie, nämlich Hauptmann, Kastner, Bürgermeister und Rath an: „Der Pfarrherr hier zu Wunsiedel, Adrian v. Rabenstein, die Pfarr zu Wunsiedel von dem Abt zu Waldsassen"; sie war des Klosters Lehen, alle andern Stiftungen waren Raths=Lehen; „hat dazu Schönbrunn, ob der Stadt **ein klein Pfärrlein**, darauf er einen Kaplan muß halten. Wem das Lehen des Pfärrleins Schönbrunn gehörte, wird nicht gesagt; wäre es des Abts gewesen, wäre es nicht verborgen geblieben; so muß das Lehen dem Burggrafen gehört haben, und wenn es in der obengenannten Urkunde von 1384 über die Meßstiftungen zu St. Veit und St. Catharina heißt: mit Gunst und Willen des gnädigen Herrn Burggrafen ꝛc., so wird der Burggraf eben auch dadurch mit als Lehensherr bezeichnet, weil der damalige Pfarrherr zu Wunsiedel, Conrad Heckel, **den Burggrafen als Lehensherrn und zwar wegen des Pfärrleins Schönbrunn anzuerkennen hatte.**

Demnach wird die Einverleibung von Schönbrunn mit der Kirche in Wunsiedel schon vor 1384 geschehen gewesen sein! Vielleicht hatte der erste Meßpriester, der für die Frühmesse in St. Veit angestellt wurde, zugleich das Pfärrlein mit zu versehen.

Die Nachricht von 1528 bezüglich Schönbrunns erscheint überhaupt nur anhangsweise, als wenn man darauf ausgegangen wäre, diese alte Burgpfarrei als unbedeutend hinzustellen, um die Aufmerksamkeit von dieser Pfründe abzulenken. Des Kirchen=

oder gar Pfarrlehens wird mit keinem Worte gedacht! Bei den übrigen kirchlichen Stiftungen in Wunsiedel wird es nicht verschwiegen. Was es mit „diesen kleinen Pfärrlein", nämlich dessen Ertrage, für ein Bewandtniß gehabt habe, mag aus dem Pfarrzehnten zu ersehen sein, den die Filialdörfer in alter Zeit geliefert haben. Im Jahre 1498 gaben dieselben nach dem Landbuche ohne Nagel, Reichenbach und Birst 15 Char Korns und 35 Char Haberns zusammen 50 Char à 8 Mäslein, also 400 Mäslein (à 1 Metzen, 8 Maas bayrisch) Pfarrzehnt. Gerste ward damals noch nicht gebaut.

Ferner, nach einem Anschlag*) dieses Zehntens der genannten Dörfer, gefertigt 1551 von dem Stadtschreiber Zeibler n. A. in Wunsiedel, zu der Zeit also, wo die Stadtpfarrei erlebigt war, betrug dieser Pfarrzehnten, mit Ausnahme von Nagel und Reichenbach, ferner mit Abrechnung der Orte Breitenbrunn und Göringsreuth, die auch aufgezählt sind, 469 Mäslein; wenn man ebenso wüßte, was die eigentlich nach Wunsiedel gepfarrten Dörfer damals für Pfarrzehnt gegeben hätten, so könnte man eine Vergleichung anstellen.

VII.

Die Filialzeit für die Kirche in Schönbrunn.

Am Eingange der Reformation im Bayreuther Lande, also auch im Bezirke, 6 Aemter genannt, begegnet uns geschichtlich nicht nur eine Kirche, sondern eine **Pfarrei Schönbrunn**, wie wir oben gehört; zwar schon mit Wunsiedel einverleibt, aber doch dem Namen nach noch bestehend. In dem eben erwähnten Visitationsbericht der Behörden in Wunsiedel an die markgräfliche Regierung von 1528 ist die Zahl der damaligen Geistlichen in Wunsiedel genannt (etwa 12); unter diesen zeigte sich ein einziger, Joh. Nik. Hilt-

---

*) Dr. Ewald: erste Confirmation von Schönbrunn.

ner, vorher Priester an der Mittelmesse zu Selb, seit 1528 zum Prediger in Wunsiedel vom Markgrafen Georg berufen, für die neue reformatorische Lehre und Gottesdienstordnung zugänglich. Nur wenige von den andern Geistlichen fügten sich in die Markgräfliche Kirchenordnung von 1533. Als Caplan für Schönbrunn ist damals Hans Weber genannt.

In den Wunsiedler Kirchenbüchern, die vom Jahre 1537 anfangen und auch die Schönbrunner Kirchdörfer enthalten, erscheinen zwei Capläne oder Diaconen für Schönbrunn abwechselnd, z. B.

Hans Weber und Lorenz Winter von 1537—1545.

Lorenz Winter und Jakob Enderer von 1545—1547, Lorenz Winter und Andreas John oder Jahn von 1547 —1558 u. s. w.

Neben dem eigentlichen Pfarrer in Wunsiedel war noch ein Prediger daselbst angestellt; das war auch der Fall in Bayreuth, Culmbach ꝛc. Der Prediger in Wunsiedel hatte mit dem Filial Schönbrunn nichts zu schaffen; da war noch keine Predigt bei dem Gottesdienste, wie in späterer Zeit Solche Prediger in Wunsiedel waren z. B. Nicol Hiltner, (dann Pfarrer) Sebastian Weiß, Christoph Eranber, Wolfgang Säterer, dem die spanischen Kugeln auf der Kanzel drohten und der sich mit unter den Geistlichen des Landes befand die 1548 zu Culmbach so muthig der Einführung des sogenannten Interims sich entgegensetzten. Man hat die Prediger öfters mit den Pfarrern verwechselt.

Da im Jahre 1547 der Pfarrer Friedrich Sittig von Schirnding die Pfarrei Wunsiedel aufgab*) und sich auf sein Gut Schlottenhof zurückzog, kam zu den zweien noch ein dritter Caplan; dieser hatte aber genug in der Stadt und wenig oder nichts mit dem Filial zu thun, z. B. Friedrich Strets (nachher Pfarrer) Georg Strobel I. War vor dem Jahre 1528 Ueberfluß an Geistlichen und Priestern so trat nachher nicht selten Mangel ein. Manche Pfründe

---

*) Wunsiedler Stadtarchiv.

nnd Pfarrei konnte gar nicht besetzt werden. Dazu war das Einkommen zu gering. Von dem Pfarrer Paul Tischer in Bernstein heißt es in dem Bericht der Behörden zu Wunsiedel: „ein arm Mann, hat seine Nahrung fast vom Tischerhandwerk", daher auch sein Name, meint Wunderlich. Die Pfarrei Wunsiedel war 1547 bis 1568 unbesetzt. Die Einkünfte wurden verrechnet und an die übrigen Geistlichen, nämlich den Prediger und die Capläne vertheilt. Dazu gab der Hauptmann auf dem Gebirg (Plassenburg) dem Rathe in Wunsiedel zu verstehen, man sollte die **dritte Caplansstelle** aufheben und den Gehalt an die andern beiden vertheilen, was aber der Rath von sich wies. Die Geistlichen werden aber auch wenig zu thun gehabt haben nach Abschaffung der Messen; besonders, wenn in den Städten oft noch besondere Prediger neben dem Pfarrer und den Diaconen waren! Darüber wird uns „die neue Ordonanz" belehren, die Johannes Zeibler, ein Mitglied des Raths auf dessen Befehl 1546 für die Hospitalbrüder entworfen hat. Da heißt es: „Diese waren verpflichtet, **täglich viermal** den Gottesdienst zu besuchen; morgens zogen sie in die Capelle zu dem göttlichen Amt und Frühlesen, von da zu dem Tagamt oder der Tagmesse in der Pfarrkirche, gegen Abend eben dahin in die Vesper und deren Lektion, und endlich wieder in die Capelle (Hospitalkirche) zurück zum Salve.*) Der Name „Messe" wurde anfangs noch beibehalten für Abendmahl. Auf dem Filial war Gottesdienst aber nur an den **Sonn- und Feiertagen** und bestand auch in einem Tagamte oder Tagmesse mit dem Verlesen eines Abschnittes aus der heiligen Schrift und einer beigefügten gedruckten Auslegung desselben.

Mit dem Jahre 1568 scheint nach 40 Jahren theils der Gährung und Unordnung, die gewöhnlich mit dem Ein-

---

*) Pfarrer **Dorfmüller**, ält. Gesch. des Hospitals in Wunsiedel, Archiv I. 3.

treten neuer Zustände verbunden sind, theils des Schwankens eine festere Ordnung und Verwaltung im Kirchenwesen sich geltend gemacht zu haben. Die Pfarrei Wunsiedel wurde nach 20jähriger Erledigung wieder besetzt und zwar mit dem Magister Friedrich Strets, der schon 1552 — 1556 die Stelle eines dritten Caplans (Stadtcaplans, ohne etwas mit dem Filial zu thun zu haben) bekleidete, und 1559 die Prediger-Stelle daselbst. Er war ein Wunsiedler Stadtkind. Zugleich bekam er die Superintendentur für Stadt und VI. Aemter mit über, welche von 1558 an, wo diese geistlichen Aufsichtsstellen im Fürstenthum Bayreuth errichtet wurden, vom Magister Evander, Pfarrer in Kirchenlamitz, versehen warb*). Auch wechseln von nun an beständig und regelmäßig drei Capläne oder Diacone nicht nur in der Stadt, sondern auch bei der Filial-Kirche in Schönbrunn.

Seit dieser Zeit mag auch für die Kirche in Schönbrunn die Benennung „Filial" gebräuchlich geworden sein, was vorher der Fall nicht war, wie wir gesehen. Aber es scheint, daß jetzt das uralte Verhältniß der Kirche zu Schönbrunn, welches der Rath zu Wunsiedel noch lange anerkannte, mit der Zeit von dem geistlichen Ministerium der Stadt nicht mehr sollte anerkannt, sondern der Vergessenheit übergeben werden! Der Apostelfürst S. Petrus, dessen Namen die Kirche in Schönbrunn trägt, sollte erblassen vor dem aufsteigenden Glanz des Märtyrers S. Veit. Wenn der alte vormalige Rector Pertsch in seinem Buche vom Jahr 1677, da er von dem kirchlichen Verhältnisse Schönbrunns zu Wunsiedel redet, die Redensart gebraucht: filia devoravit matrem! so soll das heißen: die Kirche zu Wunsiedel, in alter Zeit eine Tochter oder Tochterkirche von der Mutter oder Mutterkirche von Schönbrunn, habe mit der Zeit die Mutter in sich aufgenommen oder ver-

---

*) Wunderlich, Manuscripte in der alten lateinischen Schulbibliothek in Wunsiedel.

schlungen: Vor seiner Zeit hatte man schon angefangen, das alte Burg-, Mutter- und Pfarr-Kirchlein in ein bloßes Filial herabzusetzen! Es war daher kein Wunder, daß von Zeit zu Zeit bei der Kirchengemeinde Schönbrunn Reminiscenzen auftauchten an den alten kirchlichen Zustand. Als im Jahre 1702 der Archidiacon Christoph Wilhelm Fischer sich den Genuß des obern Petersweihers (Wiese) zueignen wollte, und schon ein beifälliges Decret deßhalb erhalten hatte, — so gab die Gemeinde im Laufe der Verhandlung zu erkennen, daß sie nach einem eigenen Pfarrer trachten wolle. Allein der damalige Superintendent Dr. J. Georg Pertsch nahm dies sehr übel! Er gab den Abgeordneten des Schönbrunner Kirchspiels seinen Unwillen zu erkennen in folgenden Worten: „ihnen einen eigenen „Pfarrer zu setzen, sei ein unbilliges und hochmüthiges Be„gehren, weiln sie alle Sonn- und Feiertage durchs ganze „Jahr, keinen ausgenommen, ihre richtigen Predigten, an „hohen Fest- und Bußtagen zwei hätten, überdieß alle Leichen „und Hochzeiten und die meisten Kindtaufen zu Schön„brunn verrichtet würden allerdings, als wenn sie schon „wirklich einen eigenen Pfarrer hätten, welches sonst keine „Filialkirche im ganzen Lande hätte*).“

Im Jahre 1732 war eine Gemeinde-Deputation in Bayreuth bei dem Markgrafen und Consistorium, die um einen „beständigen Pfarrer" anhielt**). Es blieb jedoch beim Alten. Ein Seitenstück dazu bildet die Geschichte der Pfarrei Mangersreuth, das früher ein Filial von Culmbach war***). Die kirchliche Verfassung und gottesdienstliche Ordnung für das Filial, die etwa um 1568 sich anfieng, war folgende:

Der Superintendent als jedesmaliger Pfarrer in Schön-

---

*) Diaconats-Acten.
**) Kirchenrechnung.
***) Dr. Reubig, Geschichte der Pfarrei Mangersreuth, Archiv für Oberfranken.

brunn hatte die pfarramtlichen Geschäfte, insbesondere die Kirchenbücher selbst zu führen oder unter seiner Verantwortung führen zu lassen. Bei dem Antritte seiner Pfarrei in Wunsiedel hatte er sich auch bei der Filial-Kirchengemeinde noch in einer besondern Antritts = Predigt vorstellig zu machen, sie hatte ja auch zu den Aufzugskosten desselben, so wie der Diaconen zu concurriren. Als z. B. der Superintendent und Pfarrer Stöhr 1759 seine erste Predigt in Schönbrunnen hielt, zahlte das Gotteshaus 3 fl. 58 kr. für Zehrung. Doch war nicht immer gleiche Praxis. Außerdem hatte er die Katechumenen mit denen in der Stadt zu unterrichten und zu confirmiren. Alle übrigen geistlichen und kirchlichen Verrichtungen verblieben den Diaconen, bei denen jedesmal am 1. Advent der Wechsel eintrat.

In diese alte Filialkirchen = Ordnung kam aber mit 1807 eine mißliche Störung; es wurde nämlich durch königliche preußische Cabinets=Ordre, bei damaliger Vacanz, das Sub = oder dritte Diaconat aufgehoben und dessen Einkünfte unter die beiden andern Diaconen vertheilt. Die Veranlassung zu dieser störenden Maasregel ging zunächst von den Diaconen aus. Die genannten Geistlichen wollten ihre Einkünfte verbessern und erboten sich, das Fehlende zu ersetzen und den Filialdienst mit zu verwalten; sie überschätzten ihre Kräfte. Es mußten nun bei dem Sonntagsgottesdienste namentlich in Schönbrunn ungebührliche Verzögerung eintreten. Der Diacon, der die Predigt in der Hospitalkirche zu Wunsiedel hatte, vielleicht dann noch manche andere Verrichtung an der Stadtkirche, mußte dann aufs Filial eilen, wo die Gemeinde oft schon harrte! Bis über Mittag hinaus dauerten dann die Communionen! Womit hatte die Gemeinde Schönbrunn die Ungebühr verdient? Für sie war von alter Zeit her, seit der berührten Vereinigung 1384 ein eigener Geistliche bestimmt, der in Wunsiedel seinen Sitz hatte! — Hat doch, wie wir oben gehört haben, der Rath in Wunsiedel es 1558 nicht für gut angesehen, auf das An=

sinnen des Hauptmanns auf dem Gebirg, den britten Caplan abzuschaffen, weil sie alle drei schon damals ihre volle Arbeit hatten. Die Einkünfte waren freilich leichter getheilt, als die Geschäfte. Solche Verminderung der pastoralen Kräfte mußte nur die alten Klagen wieder aufwecken und vermehren. Ja, sie wurde auch die Ursache der baldigen und völligen Auflösung des Fililial=Verbandes, die nach 20 Jahren eintrat.

Wenn wir ohngefähr das Jahr 1380 der Wahrscheinlichkeit nach als das bezeichnen wollen, indem die Vereinigung des „Pfärrleins Schönbrunn" mit der Pfarrei zu Wunsiebel wird Statt gefunden haben, so dauerte die Filial=Periode nahe an 450 Jahre! Welch feste Einverleibung! und wie fest gehalten.

Von 1384 an können die Pfarrer in Wunsiebel — also auch zugleich Pfarrer für Schönbrunn — nahmhaft gemacht werden.

1) Conrad Heckel, zugleich Pfarrer in Redwitz.
2) Conrad Vorestmann 1388.
3) Conrad Grems 1426, eigentlich nur Vicarier.
4) Conrad Klinger, erscheint auch 1426. Er wurde Altarist im neuen Spital zu Nürnberg 1429.
5) Magister Erasmus, Professor der Theologie, Vicarier zu Wunsiebel an der Pfarrkirche*).
6) Heinrich Schönstetter, eben ward von ihm geredet wegen des Incorporations=Zinses nach Walbsassen 1436.
7) Christoph Lenker, am Margarethen=Tag vom Markgrafen Albrecht bestätiget.
8) Heinrich Pregler, 1464, wird Pleban (Pfarrer) genannt.

---

*) Wunderlich, Manuscript über das Kirchenwesen in Wunsiebel vor und um 1528; alte lateinische Schul=Bibliothek, Rathhaus-Archiv. — Pfarrer Stabelmann, historisches Archiv für Oberfranken, V. 3. Seite 93.

**) Copiale zu Walbsassen. Dieser ist in den erst verzeichneten Nachrichten von Wunderlich ausgelassen.

9) Paul Prantner, 1468; aus dem Geschlechte derer von Brand. Hans Sauermann, Verweser 1490.
10) Kaspar von Schirnbing 1486.
11) Hans Rößler, ein Wunsiedler, vorher Prediger daselbst, 1484 Pfarrer in Rebwitz.
12) Christoph von Rabenstein, um 1512.
13) Christoph von Schirnbing, 1521; auch Pfarrer zu Selb u. s. w.
14) Abr. von Rabenstein, um 1528, das Jahr der Scheidung; er gehörte noch der alten Kirche an.

Pfarrer nach dem Jahre 1528,
der evangelisch-lutherischen Kirche angehörig.

1) Johann Nikolaus Hiltner, † 1533.
2) M. Aegidius Friesner, aus einer angesehenen Bürgers-Familie in Wunsiebel, † 1535.
3) Friedrich Sittig von Schirnbing, 1538 — 1547, tritt zurück; die Pfarrei wird verweset bis 1568.

Pfarrer mit dem Titel: Superintendenten.

1) M. Friedrich Strets 1568 — 1600.
2) M. Johann Pertsch I., 1600 — 1647.
3) Martin Wolf, 1638 — 1648.
4) Caspar Conrad Saher (Sahr) I., 1649 — 1659.
5) Johann Heusinger von Walbegg, 1659 — 1673.
6) Johann Conrad Saher (Sahr) II., 1673 — 1689.
7) M. Johann Georg Pertsch II., 1689 — 1704; wurde General-Superintendent in Gera; schrieb eine Geschichte von den VI. Aemtern und der Stadt Wunsiedel in lateinischer Sprache. 2 Theile 1677.
8) M. Johann Christoph Layritz, 1704 — 1731.
9) Georg Alexander Leopold, 1731 — 1741.
10) M. Adam Sonntag, 1742 — 1747.
11) Johann David Ellrob, 1748 — 1757.
12) Nikolaus Friedrich Stöhr, 1758 — 1766.

13) J. Gotthard Müller, 1767 — 1769.
14) J. Balthasar Dörfler, 1770 — 1778.
15) J. Friedrich Esper, 1778 — 1781.
16) J. Georg Wunderlich, 1782 — 1802. Ein gelehrter und gründlicher Forscher der vaterländischen Geschichte. Unter seinem Vorsitz bestand in Wunsiedel „eine Gesellschaft der vaterländischen Geschichte."
17) Erhard Friedrich Vogel, 1803 — 1823.

Unter Königlich bayerischer Regierung wurde der Titel: Superintendent in den eines „Decans" verwandelt (1812). Vogel beschloß die Reihe der Pfarrer auch für das Filial. Er soll noch eine Antrittspredigt in Schönbrunn gehalten haben.

Man darf aber doch die Namen derjenigen Geistlichen in Wunsiedel, die zuerst unter dem Titel Capläne, dann Diacone (Archi=Syn= und Sub=Diacon) an der Kirche nicht blos in der Stadt Wunsiedel, sondern vornämlich an und in dem Filiale Schönbrunn, wenn auch wechselnd, als Filialprediger — Ordinarii — wirkten, nicht vergessen.

Johann Georg Pertsch hat zwar seiner erst genannten Geschichte von Wunsiedel einen „Catalog" der Diaconen, einverleibt; aber dieser ist theils unrichtig, theils lückenhaft. Da der Verfasser sich auch einen solchen Catalog aus den verschiedenen Quellen, als den Kirchenbüchern und sonst bis auf die neuere Zeit angelegt hat, so will er denselben mit Umgehung aller nähern Lebensumstände, obschon er sie geben könnte hier niederlegen.

1) Hans Weber, 1528 — 1545; siehe, was oben von ihm gesagt wurde.
2) Lorenz Winter I., 1528 — 1559.
3) Jakob Enbener, 1545 — 1547.

4) Endres, Andreas John, Jahn, 1547 — 1558, nach Thiersheim.
5) Georg Strobel I., 1558 — 1560; hatte jedoch mit dem Filiale wenig zu thun; nur einmal kommt er im Trauregister vor. Ein Büttnerssohn aus Eger.
6) Samuel Winter II., 1559 — 1570; im letzten Jahre Pfarrer in Kirchenlamitz.
7) Nikolaus Zirner (Cirner) 1560 — 1570. Thiersheim.
8) Johann Wagner, 1568 — 1574, Caplan in Selb.
9) Johann Schaller, 1570 — 1574.
10) Christoph Zobolb, aus einer damals sehr angesehenen Familie in Wunsiedel 1570 — 1586.
11) Johann Jordan, 1575 — 1591.
12) Niklaus Lanitz, 1574 — 1590. Pfarrer nach Arzberg.
13) Daniel Strets, Sohn des Pfarrers Strets (siehe oben) 1586 — 1600, Pfarrer in Selb.
14) Johann Frosch, Magister aus Himmelkron, 1591 — 1605. nach Selb.
15) Johann Grunauer, 1591 — 1600, nach Goldkronach.
16) Georg Strobel jun. (siehe Nr. 5.) 1600 — 1606; nach Oberröslau; wurde 1633 im 30jährigen Krieg von den Croaten erschossen.
17) Johann Steiniger, 1600 — 1612.
18) Johann Speckner, 1605 — 1637, Müllerssohn von der Speckmühle bei Creußen.
19) Leonhard Kauffmann, 1606 — 1614, nach Gefrees.
20) Magister Friedrich Rößler I., 1612 — 1634; von da an Pfarrer in Kirchenlamitz.
21) Mauritius Schleicher, 1614 — 1618, aus Culmbach.
22) Wolfgang Scheibe, 1618 — 1629, Diacon in Hof; abgesetzt.

23) Mag. Andreas Rhau, 1629 — 1636; Webersfohn von Wirsberg, nach Untersteinach, 1638 Münchberg, 1649 zum Decanat Neustadt.
24) Mag. Jakob Ellrob, Schneiderssohn aus Culmbach, 1634 — 1649; 1655 nach Gefrees; ein berühmter Mathematikus und Astronom, machte sich sehr verdient um das damalige Kalenderwesen.
25) Mag. Friedrich Pertsch II., 1636 — 1650; 1660 zum ersten Superintendenten in Münchberg berufen.
26) Johann Schamel, Bürgerssohn aus Bayreuth, 1638 — 1670. Rößler, Speckner, Rhau, Ellrob, Pertsch, Schamel hatten in der traurigen Zeit des Krieges (30 jährigen) unter vielen Anfechtungen ihren Kirchendienst versehn.
27) Mag. Christoph Rößler II., 1649 — 1660.
28) Johann Ruppenstein, Krämerssohn aus Oberröslau, 1650 — 1683.
29) Mag. J. Conrad Saher, Sohn des Superintendenten Caspar Conrad Saher in Wunsiedel, 1660 —1673; auch Superintendent daselbst, siehe oben.
30) J. Friedrich Heusinger von Walbegg, Sohn des Superintendenten zu Wundsiedel J. Heusinger 1670 — 1679, wo er Superintendent in Hof wurde.
31) Mag. J. Friedrich Peuschel, Advokaten = Sohn aus Culmbach 1653 — 1690, dann Pfarrer in Pegnitz.
32) Mag. Christoph Ernst Wohn, Pfarrerssohn aus Köbitz bei Hof, 1673 — 1696 †.
33) Mag. J. Wolfgang Braunwald aus Weißenbrunn, 1679 — 1683. Superintendent in Neustadt, zuletzt Pfarrer nach Wonsees versetzt.
34) J. Nikolaus Schöbel von Oberkotzau, 1683 — 1689 nach Bindloch.
35) Mag. Georg Matthäus Gropp aus Wunsiedel. 1671 Pfarrer in S. Johannes; 1684 in Bindloch;

abgebrannt durfte er mit vorstehendem Schöbel, der Synbiacon in Wunsiebel war, 1689 tauschen.

36) Mag. Christoph Wilhelm Fischer, 1690 — 1715; † in Wunsiebel. Er hatte langen Streit mit der Filial-Gemeinde wegen des obern Petersweihers.

37) Mag. Samuel Kripner, 1697 — 1720, nach Selb. Sein Vater war Bürger und Rathsherr zu Wunsiebel.

38) Mag. Peter Barth, Maurers = und Mulzerssohn aus Wunsiebel, 1701 — 1733, abgesetzt wegen seiner Streitigkeiten mit dem Rath baselbst; 1734 Pfarrer in Hirschberg a. b. Saale. Er ließ auf eigene Kosten die Kanzel in Schönbrunn aufrichten, wie sie noch besteht.

39) J. Wilhelm Summa aus Selb, 1709 — 1713, nach Röslau.

40) Mag. J. Christoph Wolf, vorher Pfarrer in Röslau, 1713 — 1733, beide tauschten.

41) Lorenz Fr. Peuschel II. aus Wunsiebel (siehe Nr. 31.) 1715 — 1764), † baselbst, vorher Pfarrer in Bernstein.

42) Johann Apel aus Bayreuth, 1754 — 1777, Pfarrer in Kirchenlamitz.

43) Sal. Kumpf aus Neustadt an der Aisch, 1759 — 1766. Pfarrer in Arzberg. „Der Markgraf ließ ihn studieren."

44) Georg Adam Thiermann aus Kirchenlamitz. 1767 — 1782, Pfarrer in Zell. Er rückte als Candidat sogleich in das durch Kumpfs Beförderung erledigte Archidiaconat in Wunsiebel ein. In seiner Meldung, die er unmittelbar bei dem Markgrafen Christian Friedrich, 23. Dezember 1767 einreichte, entschuldigt er sich damit, weil Sr. Durchlaucht selber ihm — da er am 4. Advent genannten Jahres vor demselben hatte predigen dürfen, den Wink gegeben hätte wegen dieser

vacanten Stelle"; auch wollten, sagte er, „die andern Diaconen in Wunsiebel nicht vorrücken wegen des völlig gleichen Ertrags der Diaconatsstellen." Das Consistorium erhielt unmittelbaren Befehl, dem Candidaten Thiermann auf das Archibiaconat die Vocation im Namen Gottes auszufertigen. Der ernstlichen Bedenken des Consistoriums ungeachtet erhält „der siebenjährige Candidat", wie er sich in seiner Meldung nennt, — nähmlich der 7 Jahre lang Candidat war, — das Archibiaconat!

45) Johann Adam Weiß, Schneidersohn aus Regnitzlosau, 1734 — 1753.

46) Friedrich Lorenz Esper, Pfarrsohn von Lenkersheim, 1733; 31 Jahre alt, wurde er von dem Diaconat Drossenfeld auf das Archibiaconat in Wunsiebel berufen, bis 1743. Nach des Superintendenten Leopold Ableben führte er das Superintendentur-Vicariat. Da erhuben sich die pietistischen Streitigkeiten zwischen ihm und dem Pfarrer Keck in Arzberg, die für die Umgegend nicht ohne Einfluß blieben. Esper wurde 1743 Pfarrer zu Frauenaurach und 1763 Superintendent in Culmbach. Einer seiner 3 Söhne Magister Johann Friedrich wurde in Wunsiebel Superintendent.

47) Friedrich Ernst Otto aus Culmbach, wo schon sein Vater, Großvater und Urgroßvater der Kirche als Geistliche gedient hatten. 1743 — 1746 in Wunsiebel und hierauf 1766 Superintendent in Culmbach. Auch sein ältester Sohn Michael bekleidete anfangs das Subbiaconat in Culmbach.

48) Johann Nikolaus Schlemmer, kommt von der Zuchthaus-Prediger-Stelle in S. Georgen als Subbiacon nach Wunsiebel, 1747; wird 1753 Synbiacon.

49) Carl Friedrich Weiß II. (siehe Nr. 45), Subbiacon seit 1753.

50) Wilhelm Alexander Friedrich Vulpius I. aus Ottengrün in Sachsen; 1764 Archidiaconats-Vicar; 1765 Synbiacon; 1782 Archidiacon in Wunsiedel, † 1804 daselbst; er stand demnach 50 Jahre im geistlichem Amte an Einem Orte.
51) Andreas David Ellrod II., Sohn des Superintendenten J. D. Ellrod in Wunsiedel 1766 — 1776 †.
52) Johann Paul Fischer II., 1777 — 1791.
53) Johann Friedrich Kastner, aus Pegnitz 1782 — 1798, als Pfarrer nach Pegnitz.
54) J. Christoph Brandenburg aus Wunsiedel 1781 Pfarrer in' Bernstein, 1791 — 1793, wo er als Inspektor nach Rebwitz kommt.
55) J. Heinrich Dorfmüller aus Bayreuth, 1796 Synbiacon. Er gab Predigten heraus auf die Sonn- und Feiertage 1801.
56) J. Anton Christian Roth.
57) Johann Christoph Reuß, zuerst Pfarrer in Büchenbach, von 1812 — 1819 in Wunsiedel, dann Decan in Steben.
58) Georg Christian August Wagner aus Jobitz war 1820 — 1826 Diacon, wo er Pfarrer in Goldkronach wurde. Er war der letzte Diacon, der von der Stadt aus die Filial versah. 1824 erhielten die Diaconen den Titel: Pfarrer.

„Schulmeister und Gerichtsschreiber", später Cantoren und Schullehrer.

Es wurde oben erwähnt, daß, wenn auch das alte „Pfärrlein" Schönbrunn mit Wunsiedel vereinigt wurde, die Meßner- und Kirchnerstelle daselbst blieb, mit einigen Ueberbleibseln der Pfarrei ausgestattet. Auch bedurfte das „Gericht daselbst oder, wie es später hieß, Bürgermeister und Rath, einen Gerichtsschreiber. Vor der Reformation, also vor 1528, gabs noch keine Schulmeister auf dem

Lande. Soweit ihre Namen in den **Wundsiebler** Kirchen-Büchern Rechnungen und andern Quellen geschöpft werden konnten, sollen sie hier ihre Stellen finden.

1) **Hans Baber** „Schulmeister zu **Schönbrunn**", Taufregister 1530. Ein früherer fand sich nicht.
2) **Hans Schnalzer**, im Taufbuche „Kirchner" benannt. 1569.
3) **Heinrich (Heinz) Webel**. Seine Kinder, die ihm geboren wurden, z. B. 2 Söhne, haben sich in der Pfarrei verheirathet.
4) **Friedrich Momenz**, Christoph Momenzen, Bürgers und Babers in **Wunsiebel** Sohn, wurde copulirt den 24. Mai 1608 mit Anna, Jakob Hiltners auf der Hildenmühl Tochter. Friedrich Momenz war noch Schulmeister 1634. Ein Martin Momenz war 1547 Bürgermeister in **Wunsiebel**. Michael **Kölbel** scheint dazwischen gewesen zu sein.
5) **Johann Ruppenstein**, 1677 — 1693.
6) **Johann Sack** von **Bischofgrün**, 1694 — 1696; kam nach **Thiersheim**.
7) **Kilian Riebel** von **Höchstädt**, 1696 — 1709, abgesetzt, später ebenfalls nach **Thiersheim**.
8) **Otto Link**, 1710 — 1724, nach **Hohenberg**, früher Cantor in **Pegnitz**.
9) **Johann Buchka**, früher in **Brand**, in **Schönbrunn** 1724 — 1735.
10) **Johann Christoph Neumüller**, Candidat der Theologie; kam mit dem Prädikat eines „Cantors" hieher 1735; die vorigen hießen Schulmeister und Organisten (Kirchner); 1742 Diacon in **Arzberg**; dann Pfarrer in **Zell**.

Zu jener Zeit wurden überhaupt im **Bayreuther** Fürstenthum außer den höhern Schulanstalten 19 sogenannte Trivial- oder Mittelschulen mit Rectoren: ferner 35 Schulen mit Cantorn, die etwas Latein mitlehren sollten, z. B. Sct. Georgen, Lindenhardt, Plech, Weidenberg, Himmelkron, Seubelsdorf, Marktleuthen, Schönbrunn, Thierstein u. s. w. eingerichtet. Ein Beweis, daß diese Schulen auch dem Ertrage nach besser waren; weßhalb sich auch Candidaten des Predigtamts nicht selten darum bewarben, wie vorstehend Nr. 10.

11) Gottfried Prell, zuerst „teutscher Schulmeister" oder vielmehr Mädchenlehrer in Wunsiedel 1742, bekleidete den Cantors- und Schuldienst dahier 37 Jahre.

Zu derselben Zeit, wo die Cantoratsschulen, wurden auch „teutsche Schulen", — in den Städten in der Regel Mädchenschulen eingeführt, z. B. im neuen Weg, zu Bayreuth, Wunsiedel, Neustadt a. b. Aisch; die männliche Jugend in diesen Städten und Städtchen besuchte zum allergrößten Theil die daselbst befindlichen Latein-Schulen; es waren also in denselben solche Schulen nöthig, wo die Mädchen vorzüglich Unterricht erhalten mußten.

In den übrigen Kirchdörfern waren ordinäre Landschulen; in den andern Dörfern waren sonst durchaus keine Schulen; die gesammte Jugend des Pfarrspiels war nach Schönbrunn eingeschult. Mit der 2ten Hälfte des vorigen und der 1ten Hälfte des laufenden Jahrhunderts fingen dergleichen Orte an, sogenannte Winterschulhalter sich anzuschaffen; das waren meistens Personen, die im Winter keine Beschäftigung hatten, als Maurer, Hirten, z. B. Johann Panzer in Vordorf 1755 — 1786; Dürbeck, Schulhalter in Tröstau; Melzner in Krötschenreuth. Schulzwang bestand damals freilich nicht. Im Jahre $180^{1}/_{2}$ werden 7 „Dorfschulen" erwähnt. Selbst in der Parochial-Schule war den ganzen Sommer hindurch, von Pfingsten bis Michaelis keine Schule. Wie heilsam und Segen bringend ist jetzt dagegen für Gemeinde und Jugend in unserm preißwürdigen bayrischen Vaterland das teutsche Schulwesen organisirt!

12) Johann Friedrich Klingsohr aus Harsdorf, Can=
,bibat der Theologie. 1780; 1812 Diacon in Linden=
hardt.
13) Johann Michael Möller aus Marktleuthen 1812
— 1817. Von 1817 — 1825 wurde Schule und
Cantorat verweſt. Hier ſchließt die Filialperiode.

VIII.

Aufhebung des Filial-Verbandes mit Wunſiedel und Gründung einer neuen Pfarrei Schönbrunn.

Dem lang gehegten Wunſche einen eigenen Pfarrer in ihrer Mitte zu haben, in Schönbrunn ſelbſt, geben endlich 1817 die Vorſteher der Kirchdörfer und des Gotteshauſes Ausbruck! Die andern Gemeindeglieder ſtimmten ein, unter der Bedingung, daß ſie keine Koſten hätten. Die ſchnell auf= lodernde Flamme erloſch bald wieder, glimmte aber fort bis zum Tode des Superintendenten und Pfarrers Vogel in Wunſiedel 1823, wo ſie wieder auflodern.

Die Sache wurde jetzt, beſſer organiſirt, wieder im An= griff genommen; man ſah ein, daß es ohne Koſten doch nicht abgehen könne; es wurde in der Perſon des Advokaten Dürr= ſchmidt in Wunſiedel ein Anwalt gewählt, der die Ge= meinde nach oben vertreten ſollte.

Das Geſuch der Filialgemeinde an die königliche Re= gierung war alſo gefaßt:
1) Es ſolle eine Collecte erbeten werden zu einem Pfarr= hausbau.
2) Der ganze Ertrag des Schönbrunner Pfarrein= kommens — ſo viel nemlich der Pfarrer und die Dia= conen in Wunſiedel von dem Filiale bisher bezogen hatten — ſolle für die neue Pfarrei ausgewirkt werden.
3) Wenn etwa durch geringen Ausfall der Collecte die Koſten zum Bau nicht gedeckt würden, ſo werde ſich's

der anzustellende Geistliche gefallen lassen, jährlich aus seinem (ganzen) Einkommen 400 Gulden zur Deckung der Bauschuld beizutragen!

Dieses Gesuch hätte nach der Meinung des Verfassers auf Grund des Gesetzes vom 13. Juli 1811 (Reg.-Blatt Seite 891) basirt sein sollen!

Es wurde der obersten Kirchenstelle vorgelegt, von woher unterm 30. Jänner 1824 der Bescheid ertheilt ward, es solle der Kirchengemeinde Schönbrunn ihr Wunsch, einen eigenen Pfarrer zu besitzen gewährt werden, jedoch unter folgenden Bedingungen:

1) für die Erbauung eines Pfarrhauses aus eigenen Mitteln zu sorgen und
2) auf eine hinlängliche Dotirung oder auf einen hinreichenden Ergänzungsbeitrag der neuen Pfarrstelle bedacht zu sein; die andern Anträge wurden zurückgewiesen. Dieser Beschluß der höchsten Kirchenstelle ward ihnen von dem damaligen königlichen Landgerichte Wunsiedel unterm 15. Merz desselben Jahres publicirt, und sie aufgefordert, ihre weitere Erklärung darüber abzugeben.

Am 13. Mai desselben Jahres ließ die Gemeinde Folgendes bei dem Landgerichte Wunsiedel vernehmen:
1) für Erbauung eines Pfarrhauses aus eigenen Mitteln erklärten sie sich bereit (mit Ausnahme einiger Orte).
2) Eigene Dotirung oder einen hinreichenden Beitrag dazu lehnten sie als unnöthig ab, und producirten zugleich durch ihre Deputirten eine Designation sämmtlicher Schönbrunner Pfarr-Einkünfte, die sich auf 1211 fl. 22 kr. belief.

Auf diese Erklärung ward ihnen durch das Decanat Wunsiedel ein weiterer höchster Bescheid und zwar vom 12. März 1825 zu Theil; nemlich daß der Filialgemeinde dieselbe kirchliche und geistliche Besorgung zugewendet werden solle, wie sie vor Auf=

hebung des ehemaligen dritten Diaconats bestand, und ihr zugleich eine Bauhilfe von 600 fl. zugesagt, wahrscheinlich zur Wiedergewinnung und Einrichtung eines 3ten Diaconats=Gebäudes in Wunsiedel. Das ließ sich abermals hören! Sie erkennen diese gnädigste Zusicherung mit Dank an, beharren aber doch auf ihrer Bitte' und ihrem Entschluß; einen eigenen Pfarrer in ihrer Mitte zu haben. In Folge allerhöchsten Rescripts Tegernsee den 18ten

September 1825 wurden endlich die Schönbrunner Pfarrverhältnisse und das Einkommen des künftigen Pfarrers regulirt, aus den Wunsiedler Pfarreinkünften ausgeschieden und auf 658 fl. 16¼ kr. festgesetzt. Nach dem Dienst=Ertrags=Project, das dieser definitiven Festsetzung vorausging, schien es noch nicht entschieden, ob der Sitz des neuen Pfarrers in Schönbrunn oder wieder in Wunsiedel seyn soll; denn dieses trägt die Ueberschrift „Diensteertrag für den 4ten Pfarrer in Wunsiedel oder einen Pfarrer in Schönbrunn." Es blieb demnach den Schönbrunner Pfarrdörfern immer noch freigestellt, wohin sie sich wenden wollten; es kam nur darauf an, wie sie sich mit dem Pfarrhausbau stellen würden. Sie geben nun auf kurze Zeit das Verlangen wieder auf, daß der neue Pfarrer in ihrer Mitte wohnen solle. Denn unter dem 31. October 1825 erklärten die Gemeindeputirten bei dem Landgerichte Wunsiedel: wir sind zufrieden mit der allerhöchsten Entschließung vom 8. April (vielmehr 22. März) 1825, nach welcher die nämliche kirchliche und pfarrliche Besorgung unserer Kirche gewährt werden solle, wie wir solche vor Aufhebung des dritten Diaconats zu Wunsiedel genossen haben, so daß also die aufgelöste vierte Pfarrstelle in dem Verhältnisse wie solche bis zum Jahre 1807 bestanden, wiederhergestellt, inzwischen aber bis diese Verfügung durch Erledigung der zweiten und dritten Pfarrstelle in Ausführung gebracht werden kann, ein stabiler Vicarius ausschließlich für unsere

Kirche bestellt und diese genau nach dem Stande von 1807 werden besorgt soll; jedoch müssen wir auf das Dringendste bitten, und vorbehaltlich beifügen, daß die Beichten jedesmal am Samstag vorher, wie in allen Pfarrkirchen, auch bei uns gehalten, daß der Geistliche nicht erst, bevor er zu uns kommt, durch Abhaltung einer Predigt u. s. w. belästiget werde. Solchem nach machen wir zwar von der allerhöchsten Bewilligung zur Begründung einer eigenen Pfarrei und zur Bestellung eines eigenen Pfarrers für den Ort, resp. Sprengel Schönbrunn selbst nach Andeutung des allerhöchsten Rescripts vom 18. September 1825 keinen Gebrauch(!), bitten aber daß uns die allergnädigst bewilligte Summe von 600 fl. aus der allgemeinen Pfarr = Unterstützungs = Kasse und resp. aus den Intercalarien der Stadtpfarrei dennoch ausbezahlt werde, weil unser Gotteshaus so großen Schaden dadurch gelitten hat, daß seit 1807 mancher Gottesdienst unterblieben ist. In dieser Hoffnung (nämlich der Einrichtung des Gottesdienst für Schönbrunn gerade so wie vor dem Jahre 1807) verzichten wir auf weitere Ansprüche an die Pfarreien, die Stadt und die Stiftungen zu Wunsiebel; werden aber diese Einrichtungen uns nicht gewährt, so behalten wir uns diese unsere Ansprüche bevor."

Dennoch trug das alte Verlangen den Sieg davon.

Nachdem die Bauhilfe von 600 fl. auf 1000 fl. erhöht wurde, nahm die Pfarrgemeinde Schönbrunn den Pfarrhausbau 1826 selber in Angriff. Die Kosten dieses Baues mit Einschluß des Cantorats = und Schulhauses betrugen in runder Summe 4000 fl., wozu also außer den bewilligten 1000 fl. aus den Intercalarien der Pfarrstellen zu Wunsiebel die Pfarrgemeinde noch 3000 fl. beitrug. Auf den Steuer=Gulden kam 1 fl. 48 kr. Man kann nicht verkennen, daß dies kein unbedeutendes Opfer war, das die Gemeinde für ihre kirchlichen Angelegenheiten brachte. Zugleich mit diesem Bau wurde auch der Kirchhof gegen Mitternacht vergrößert, dazu ein Stück Feld von dem Landwirthe Johann Thoma zu Schönbrunn um 550 fl. angekauft, eine Mauer um denselben aufgeführt mit einem Aufwand von 424 fl.; der Pfarrgarten angelegt (180 fl.); der Thurm erhielt eine neue Reparatur und Verschönerung; der Thurmknopf wurde erneuert, die Laterne in- und auswendig mit weißem Blech überzogen; Alles mit einem Kostenbetrag von 472 fl. Dazu noch ein neuer Blitzableiter, welcher 144 fl. kostete; denn im Jahre 1825, den 17. April hatte der Blitz Nachts 10 Uhr in den Thurm eingeschlagen.

Um auch die innere Ausschmückung der Kirche und Erhebung des Gottesdienstes nicht zu vergessen, ward 1827 eine ganz neue Orgel aufgerichtet, deren Kosten sich auf 1262 fl. beliefen. Dieses Alles kam zu Stande, größtentheils durch die Beiträge und Opfer der Kirchengemeinde.

Dazu kam noch eine Dotations=Erhöhung des Kirchen- und später des Pfarrvermögens; denn die Pfarrgemeinde war einstimmig geworden, im Jahre 1828, das Hilpert'sche Sölbengütlein in Schönbrunn, Hs.=Nr. 34, für die Kirchenstiftung anzukaufen. Das geschah auch in demselben Jahre. Der Kaufschilling betrug 1560 fl. Im Jahre 1841 aber ward dieses Gütlein durch Beschluß der Pfarrgemeinde der Pfarrstiftung auf immer einverleibt 16. November 1841.

Nachdem nun das Pfarrhaus (mit dem Cantorats= und Schulhause) im Spätherbste 1826 vollendet war, wurde es zuerst bewohnt von Vicarien oder Pfarrverwesern, die bis zur definitiven Besetzung der Pfarrei Schönbrunn verwesten. Diese waren:

1) Herr Andreas Moschenbach, vom 1. Dezember 1826 bis 31. Januar 1827, wo er als dritter Pfarrer nach Wunsiedel kam.
2) Herr Dr. Ewald, vom 1. Februar bis 5. Juni 1827, welcher am 1. Pfingsttage dieses Jahres die erste Confirmation der Katechumenen in der Kirche daselbst hielt.

In der Pfingstwoche bezog die neue Pfarrei Friedich Florian Clöter, welcher vorher die 2te Pfarrstelle in Schwarzenbach a. d. Saale bekleidet hatte.

---

*) Dr. Ewald a. o. O.